Walter Rebell

Kleine Philosophie der Torheit

Walter Rebell

Kleine Philosophie der Torheit

Fromm Verlag

Imprint
Any brand names and product names mentioned in this book are subject to trademark, brand or patent protection and are trademarks or registered trademarks of their respective holders. The use of brand names, product names, common names, trade names, product descriptions etc. even without a particular marking in this work is in no way to be construed to mean that such names may be regarded as unrestricted in respect of trademark and brand protection legislation and could thus be used by anyone.

Cover image: www.ingimage.com

Publisher:
Fromm Verlag
is a trademark of
International Book Market Service Ltd., member of OmniScriptum Publishing Group
17 Meldrum Street, Beau Bassin 71504, Mauritius
Printed at: see last page
ISBN: 978-613-8-36970-7

Inhalt

Einleitung

Liebe Leserin, lieber Leser, ich lade Sie zu einem gefährlichen Selbstexperiment ein. Die Sache beginnt harmlos, nämlich mit dem Nachsprechen eines Satzes. Er enthält das Wort „Hammer“, das in unserem Zusammenhang eine symbolische Bedeutung besitzt. „Einen Hammer haben“ heißt gemäß großem Wörterbuch des Dudenverlags „leicht verrückt sein“. *Leicht*, das geht noch. Wenn hier *schwer* stände, würde ich das folgende Experiment mit Ihnen nicht wagen …

Aber nun der Satz. Er lautet: „Alle haben einen Hammer, alle; ich habe noch keinen gesehen, der keinen hatte.“ Wollen Sie das nachsprechen? Oder dieser Äußerung zumindest innerlich zustimmen? Drückt sie auch Ihre Erfahrung aus? Ein prominentes Beispiel für einen, der leicht verrückt gehandelt hat, war der deutsche Bundespräsident Wulff. Er hat in der Tat eine Torheit an die andere gereiht, bis er von seinem Posten zurücktreten musste. Aber auch um uns herum, im Alltagsleben, wimmelt es von Toren. Oder besser gesagt von Menschen, die dann und wann zu Toren werden. Eigentlich sind sie ganz normal, liebenswürdig, aber jederzeit kann etwas durchbrechen, etwas Irrationales, und dann wird eine Handlung begangen, über die wir – als Zuschauer – fassungslos sind.

Und nun die gefährliche Seite des Experiments. Ich bitte Sie, vor einen Spiegel zu treten. Sprechen Sie jetzt – wenn Sie möchten – den Satz noch einmal aus: „Alle haben einen Hammer, alle; ich habe noch keinen gesehen, der keinen hatte.“ Dieses Mall sollten Sie wirklich laut reden, Denken reicht nicht. Gnadenlos muss über Ihre Lippen kommen: „Alle haben einen Hammer …“, wobei Sie sich in die Augen schauen. So beziehen Sie das Spiegelbild – beziehen Sie *sich selber* – in die Aussage ein.

Das ist schwer, nicht wahr?

Ich hoffe, dass Sie jetzt nicht das Buch zuklappen. Dass Sie sich nicht beleidigt fühlen. Nicht angegriffen fühlen. Vielleicht sind Sie ja neugierig geworden. Dann lade ich Sie zu einem Streifzug durch die Geistesgeschichte und Psychologie ein. Ziel ist es, das Phänomen der Torheit besser zu verstehen. Um gelassener und vielleicht sogar souverän mit ihm umgehen zu können. Los werden wir die Torheit nie. Warum nicht – darauf sollen im Laufe der Ausführungen Antworten versucht werden. Auf jeden Fall steht jedem von uns die nächste eigene Torheit unweigerlich bevor. Unsere Torheiten gehören zu dem Material dazu, aus dem sich unser Leben aufbaut; sie gehören zu uns, und zwar mit all ihren Konsequenzen. Es ist grundsätzlich unmöglich, einem Lebensplan zu folgen, in dem nur die Vernunft regiert.

Aber die antiken Philosophen, waren die nicht der Meinung, dass die Vernunft den Menschen leiten soll und dass dies auch möglich ist? Insbesondere die Stoiker wären hier zu nennen, die davon ausgingen, dass eine göttliche Vernunft den Kosmos durchwaltet und dass der Mensch für sie empfänglich werden und sich von ihr bestimmen lassen muss. Bei Seneca (4 v.Chr. – 65 n.Chr.) begegnet uns diese Vorstellung auf Schritt und Tritt. Fast schon wollen wir uns vor diesem Philosophen mit seinem hohen sittlichen Ernst ehrfurchtsvoll verneigen und die These von der Unvermeidbarkeit der Torheit noch einmal überdenken, da stoßen wir auf Senecas 50.Brief an Lucilius, wo er schreibt: „Wenn ich mich über einen törichten Menschen belustigen will, so brauche ich nicht lange zu suchen: Ich lache über mich selbst." – Wir sind erleichtert. O Seneca, du gehörst zum Club. Du hättest dich wahrscheinlich auch auf das Selbstexperiment vor dem Spiegel eingelassen.

Über sich selber lachen, über seine Torheiten lachen, das ist gut. So werden wir lockerer. So kann sich leichter etwas ändern, und tatsächlich (auch das ist eine These des vorliegenden Buches) wären viele Torheiten durchaus vermeidbar. Nicht alle, aber viele.

Also, sind Sie für den Streifzug durch die Geistesgeschichte und Psychologie bereit? Ich bitte Sie zunächst in ein griechisches Theater. Sie sollen einen Mann bewundern, der sich auf der Bühne als Sänger und Zitherspieler produziert. Hinterher müssen Sie unbedingt Beifall klatschen. Auch, wenn Sie die Darbietung schlecht gefunden haben. Sie *müssen* – andernfalls bringen Sie sich in Lebensgefahr …

Kapitel 1: Was Seneca noch nicht wissen konnte

Grenzen, die der Vernunft gesetzt sind

Sie haben, liebe Leserin, lieber Leser, auf einer harten Steinbank im Halbrund eines Theaters in Griechenland Platz genommen. Es ist ein milder Sommerabend, unten auf der Bühne brennen links und rechts Fackeln, in der Mitte steht ein junger Mann, zupft an den Seiten seiner Zither und singt. Er singt nicht schlecht, aber auch nicht gut. Sie haben an diesem Abend schon bessere Sänger gehört. Aber Sie wissen, dass Sie diesem hier nachher den größten Applaus geben. Alle im Theater werden sich erheben, werden vor Begeisterung brüllen, Sie mit dabei, und der Preisrichter – es handelt sich nämlich um einen Wettstreit – wird diesem jungen Mann den Siegeskranz überreichen.

Er macht eine einjährige Tournee durch Griechenland, der junge Mann. Auf allen Festspielen tritt er auf. Bei zahlreichen anderen Gelegenheiten. Immer ist er der Sieger. Am Ende wird er 1808 Siegeskränze eingeheimst haben.

Eigentlich müsste der junge Mann in Rom sein. Um dort seinen beruflichen Pflichten nachzukommen. Aber diese Pflichten sind ihm lästig, er betätigt sich lieber als Sänger, auch als Dichter, auch als Wagenlenker.

Dieser junge Mann ist ein Tor. Ein Narr, aber ein gefährlicher. Einige Jahre vor der Griechenland-Tournee hat er in Rom Christen umbringen lassen. Er hatte Rom anzünden lassen, um aus dem Brand künstlerische Inspirationen zu gewinnen, und dann hatte er Sündenböcke gebraucht.

Diesem Mann, liebe Leserin, lieber Leser, *mussten* Sie an jenem Sommerabend in Griechenland im Theater Beifall spenden. Denn wehe, man hätte entdeckt, dass Sie sich verweigern …

Sie ahnen richtig: Wir sprechen hier vom Kaiser Nero. Seine antiken Biographen Tacitus und Sueton erzählen von zig Torheiten, die er begangen hat.

„Nun ja …“, sagen Sie vielleicht.

Nichts „nun ja“! Zu all den Torheiten hätte es nach Adam Riese nicht kommen dürfen, denn Nero hatte eine Erziehung vom Besten, vom Feinsten genossen. Eine Erziehung, in der die Vernunft obenan gestanden hatte. Aus Nero sollte ein durch und durch vernünftiger Mensch werden, so wollte es sein Erzieher, so wollte es –

Warum mache ich hier eine Pause? Damit Sie überprüfen können, ob Sie richtig auf Ihrem Stuhl sitzen. Damit Sie nicht umfallen, wenn jetzt der Name kommt.

Neros Erzieher war, liebe Leserin, lieber Leser, niemand anderes als Seneca.

Seneca, der große Philosoph, der Theoretiker der Vernunft, lieferte als Meisterstück seiner philosophisch-pädagogischen Bemühungen *Nero* ab.

Wie konnte es dazu kommen? Weshalb gelang die Erziehung zur Vernunft nicht?

Wegen Neros Mutter Agrippina. Nero wurde schon mit 17 Jahren Herrscher, und eigentlich führte seine Mutter das Regiment. Oder wollte es, Nero musste sich beständig gegen ihre Einmischungen wehren. Tacitus beschreibt, wie sie sogar ihre weiblichen Reize einsetzte und zur Blutschande bereit war, um auch auf diese Weise über den Sohn Macht auszuüben. Nero ließ sie schließlich ermorden. Wie, das ist eine Geschichte für sich. Zunächst wurde ein Schiff präpariert, das auseinanderbrechen und untergehen sollte, aber Agrippina konnte sich schwimmend an Land retten. Daraufhin wurde sie auf konventionelle Weise getötet, durch einen Zenturio mit Schwert.

Liebe Leserin, lieber Leser, ein junger Mann mit solch einer Sohn-Mutter-Geschichte im psychischen Gepäck konnte nicht normal werden. Das wusste Seneca nicht. Das weiß man erst seit Sigmund Freud. Die Seele funktioniert nicht nach Adam Riese, dem Rechenmeister. Sie ist un-berechenbar. Gegen seelische Komplexe kommt die Vernunft nicht an. Nero hätte einen Psychoanalytiker gebraucht, nicht einen Spezialisten für die Vernunft. Wer weiß, was Nero zu seiner grotesken Griechenland-Tournee getrieben hatte. Hing sie irgendwie mit der Mutter zusammen? Mit dem in Auftrag gegebenen Mord?

Mit Schuldgefühlen? Nero machte sich in Griechenland zum Kasper, alle lachten heimlich über ihn, war das eine Art von Selbstbestrafung?

Eigentlich ist Seneca auch bei der Erziehung seiner eigenen Person gescheitert. Er konnte auch aus sich selber keinen durch und durch vernünftigen Menschen machen, das sagt ja schon das Statement vom Lachen über sich selber, das in der Einleitung zitiert worden ist. Aber Seneca gibt noch mehr von sich preis. In seiner Abhandlung über den Zorn schreibt er, dass er sich jeden Abend Rechenschaft über seine Fehler ablegt: „Wenn das Licht entfernt und meine Gattin, bekannt mit meiner Gewohnheit, verstummt ist, überschaue ich meinen ganzen Tag und wäge meine Handlungen und Äußerungen ab; nichts bleibt mir verborgen, nichts übergehe ich. Warum sollte ich mich denn auch vor meinen Verfehlungen fürchten, da ich sagen kann: Gib Acht, dass du das nicht wieder tust, für dieses Mal sei es dir verziehen?"

(Wir finden solche skrupulöse Selbsterforschung später im Pietismus wieder [religiöse Aufbruchsbewegung des 17./18.Jahrhunderts]; aber auch ein so gelehrter Mann wie Wilhelm von Humboldt, der jenen Typ von Universität geschaffen hat, der in Deutschland bis heute mehr oder weniger Gültigkeit besitzt, ließ keinen Tag vergehen, an dem er nicht sein eigenes Verhalten unter Anlegung strengster Maßstäbe Revue passieren ließ.)

Selbsterforschung gemäß Seneca und gemäß Freud

Mit seiner täglichen Selbsterforschung und dem Eingestehen der begangenen Fehler zeigt uns Seneca, dass es mit der Orientierung an der Vernunft offenbar nicht so recht klappt. Wir laufen der Vernunft immer wieder aus dem Ruder. Auch jemand wie Seneca, der so sehr darum kämpft, dass ihm das *nicht* passiert (fast möchte man sagen: der *krampfhaft* darum kämpft), stellt immer wieder fest: Etwas Nicht-Vernünftiges in mir war stärker gewesen.

Für dieses Stärkere haben wir heute ausgearbeitete psychologische Theorien. In uns gibt es, und das konnte Seneca noch nicht wissen, neben der Vernunft auch das machtvolle, nicht nach vernünftiger Logik arbeitende Unbewusste. Das spielt uns Streiche. Das zwingt uns zu Torheiten. Deshalb kann es passieren, dass auch wir uns zum Kasper machen, wie Nero. Wir sind hinterher fassungslos darüber. Wie konnte das passieren? Es war doch so ein schöner Abend mit Gästen, die Atmosphäre war entspannt, man plauderte ... Aber plötzlich war für uns Wettstreit. Wir griffen sozusagen zur Zither und sangen unser Lied. Unser Ehepartner schaute uns entsetzt an, aber wir machten weiter, wir wollten den imaginären Preisrichter beeindrucken, wir wollten den Siegeskranz einheimsen.

Der Abend war verdorben. *Wir* hatten ihn verdorben.

Und nun die Analyse dieser Torheit. Was hatte uns geritten? - Mit Seneca kommen wir nicht weiter, wohl mit Sigmund Freud. Seneca würde uns sagen: „Du hast gegen die Vernunft gehandelt, lieber Freund. Mach es beim es beim nächsten Mal besser. Halt dich dann zurück, streng dich an." Sigmund Freud würde sagen: „Geh in Gedanken noch einmal die Gäste durch. Hat dich einer von ihnen genervt? Auch wenn er gar nichts Besonderes getan hat?" – Richtig! Die bloße Anwesenheit von Karl hat mich genervt! Weil der nämlich Betriebsdirektor geworden ist, und ich bin es – in meinem Betrieb – nicht geworden. Ressentiments leiteten mich. Ich musste dem Karl einmal zeigen, wer ich bin, dass ich auch etwas drauf habe ... Nur dann, liebe Leserin, lieber Leser, wenn ich mir das eingestehe, wenn ich also auf einer Etage tiefer analysiere als Seneca bei seiner allabendlichen Selbstbespiegelung, habe ich die Chance, beim nächsten Zusammentreffen mit Karl tatsächlich eine Torheit zu vermeiden.

Selbsterforschung ist nicht einfach. Unser blinder Fleck hindert uns, die Motive unseres Handelns zu erkennen. Aber wir könnten Hilfe von außen suchen. Bleiben wir bei dem Beispiel des verdorbenen Abends ...

Heinz (nennen wir den Haupt-Akteur einmal so) fragt also hinterher seine Ehefrau: „Jutta, was war eigentlich los? Weshalb habe ich so gehandelt? Ich kann es mir selber nicht erklären."

Heinz verhält sich nicht wie Seneca. Der lässt seine Frau zunächst einschlafen („ ... wenn sie verstummt ist ..."), dann denkt er nach. Heinz hingegen will mit seiner Frau zusammen nachdenken. Was mag Seneca dadurch, dass er nicht mit seiner Frau im Gespräch war, an Selbsterkenntnis entgangen sein! Was hätte sie ihm über ihn alles sagen können!

Kommunikation ist ein Grundprinzip der abendländischen Philosophie, das hätte Seneca wissen müssen. Die Griechen haben uns gelehrt, dass man zur Wahrheit nie alleine durchstößt, sondern nur im suchenden, ringenden Gespräch mit den anderen. Der Osten (Indien, China, Japan) sieht die Sache anders. Hier gelangt man zur Wahrheit durch Meditation, durch Versenkung in sich selber. Die Wahrheit ist bereits in einem, sie braucht nicht kommunikativ ermittelt zu werden.

Ich will die beiden Wege zur Wahrheit nicht gegeneinander ausspielen, jeder hat sein Recht. Aber wir im Abendland sind stärker vom Modell der Griechen geprägt. Sokrates sammelte junge Menschen um sich und diskutierte mit ihnen. Platon schrieb Dialoge: durch Frage und Antwort und gemeinsames Überlegen wird der Gedankengang vorwärts getrieben. Auch die Psychoanalyse Sigmund Freuds ist ein kommunikatives Geschehen: zwischen Klient und Analytiker.

Scheuen wir uns also nicht, bei der Suche nach der Wahrheit über uns selbst andere Menschen zu Rate zu ziehen. Sie wissen stets mehr über uns als wir, sie haben ja keinen blinden Fleck (bei ihrer Sicht auf *uns* nicht; bei ihrer Sicht auf sich selber schon).

Heinz fragt also seine Ehefrau Jutta. Die ist bass erstaunt; sie denkt, sie hört nicht richtig. Wenn Heinz sich nach einem Abend mit Gästen an sie wandte, um mit ihr zu reden, dann meist, um sie zu kritisieren. Das und das habe sie falsch gemacht. Aber jetzt möchte er selber auf den Prüfstand. Das ist neu. Das ist verheißungsvoll. Natürlich weiß sie, Jutta, schon lange, was Heinz unbewusst gegen Karl in sich herumträgt.

Ein Rundgang durch Neuchâtel

Nach dem Theaterbesuch in Griechenland lade ich Sie, liebe Leserin, lieber Leser, zu einer Reise in die Schweiz ein. Vielleicht waren Sie schon hier, dann sicher in den Alpen, am Eiger oder am Matterhorn. Die Westschweiz wird Ihnen unbekannt sein. Doch auch hier ist es schön, der Jura ist ein Wanderparadies …

Allerdings geht es uns nicht um die Schönheit der Natur. Wir streifen durch die Kantons-Hauptstadt Neuchâtel (Neuenburg). Darf ich Sie führen? Ich kenne mich in der Stadt aus, ich wohne seit 20 Jahren hier. Ich bringe Sie durch enge Gassen und Treppenwege zum höchsten Punkt. Hier können Sie die Kirche „La collégiale" bewundern. Und auf dem Platz davor die Statue des Neuenburger Reformators Farel (1489 – 1565).

Auf diesen Farel kommt es mir an. Er war befreundet mit Calvin, und wie dieser war er düster, fanatisch, ernst. Ich möchte nichts mit ihm zu tun gehabt haben (obwohl ich die Neuenburger Reformierte Kirche, deren Mitglied ich bin, sympathisch finde).

Farel also. Ein würdiger Mann. Aber gegen Ende seines Lebens beging er eine Torheit. Schon seine Zeitgenossen, die Leute, die er zum reformierten Glauben bekehrt hatte, schüttelten verständnislos den Kopf. Mehr noch: Sie waren empört.

Farel heiratete mit 69 Jahren ein sehr junges Mädchen.

Alle haben einen Hammer …

Besonders gefährlich wird es, wenn der Geschlechtstrieb ins Spiel kommt. Dann gibt es kein Halten mehr. Ich brauche Ihnen keine weiteren Beispiele vor Augen zu führen, das mit Farel reicht.

Grenzen, die der Vernunft gesetzt sind … Vor allem der Geschlechtstrieb setzt sie. Und so richtig es ist, biologisch gesehen, dass er uns zur Vermehrung treibt und zur Erhaltung der Art, so bedenklich ist es, dass er uns oft unsere sozialen Beziehungen zerstört. Der Geschlechtstrieb geht, und das ist beängstigend, rücksichtslos auf sein Ziel zu.

Kann man ihm nicht doch beikommen?

Bei grundsätzlicher Anerkennung, dass der Geschlechtstrieb stärker ist als die Vernunft, lässt er sich, so meint ein antiker Philosoph, von vernünftigen Überlegungen begleiten. Und dadurch (ein wenig) steuern, so dass Torheiten (möglicherweise) verhindert werden.

Ich schlage Ihnen, liebe Leserin, lieber Leser, eine Lektüre von *Epikur* vor.

Philosophie der Lust

Epikur (341 v.Chr. – 271 v.Chr.) hat einen schlechten Ruf. Er gilt als unmoralisch. Im Zentrum seines Denkens steht die hedone, die Lust; man könnte auch übersetzen: Freude, Vergnügen, aber *Lust* trifft die Sache schärfer, da es Epikur durchaus auch um die sexuelle Lust geht. Die philosophische Richtung, für die der Name Epikur steht, heißt Hedonismus und hat ihre Anhänger bis in die Neuzeit (z.B. vertraten die französischen Materialisten hedonistisches Gedankengut).

Ziel ist es bei Epikur, Lust zu suchen und Unlust zu vermeiden. Der Mensch soll ein glückliches Leben führen. Dazu braucht es allerdings auch die Vernunft, und so reiht sich Epikur in den Mainstream der antiken Philosophie (mit der Betonung der Vernunft) ein. Er schreibt: „An allem Anfang aber steht die Vernunft, unser größtes Gut. Aus ihr ergeben sich alle übrigen Tugenden von selbst, weil sie uns lehrt, dass in Freude zu leben unmöglich ist, ohne dass man ein vernünftiges, sittlich hochstehendes und gerechtes Leben führt."

Epikur vollbringt einen Balanceakt. Einerseits lehrt er das Ausleben der Lust, andererseits gibt er das Prinzip der Vernunft nicht preis. Man soll *vernünftig* leben; lustorientiert, aber vernünftig. Wenn man die Vernunft außen vorlässt, funktioniert das lustorientierte Leben überhaupt nicht, es wird selbstzerstörerisch.

Und nun die Anwendung auf das Geschlechtsleben. Seien Sie gespannt. Sie werden schmunzeln, aber auch ins Nachdenken geraten: „Ich habe vernommen, dass dich der Kitzel in deinem Fleisch übermäßig zum Geschlechtsverkehr treibt. Folge ihm, wie du magst, aber sorge dafür, dass du dabei die Gesetze nicht übertrittst, nicht den Anstand verletzt, keinen dir nahestehenden Menschen kränkst, deine Gesundheit nicht zerrüttest und dein Vermögen nicht vergeudest. Es ist jedoch schwer, sich nicht wenigstens in eine der genannten Schwierigkeiten zu verstricken."

Wie finden Sie das? – Psychologisch richtig ist sicherlich, dass nicht versucht wird, den Geschlechtstrieb kleinzureden. Dass auch nicht dazu aufgerufen wird, ihn zu unterdrücken. Es wird im Gegenteil gesagt: „Folge ihm." Da fühlen wir uns als Triebwesen ernst genommen. Und der, der uns ernst nimmt, der Philosoph Epikur, hat jetzt eine Chance, vorsichtig steuernd in unser Triebleben einzugreifen. Um uns vor Torheiten zu bewahren. (Einem Moralapostel wie Farel würden wir uns als moderne Menschen verweigern.)

Wenn wir in eine delikate Lebenssituation kommen, sollten wir die Regeln Epikurs zum Umgang mit dem Geschlechtstrieb noch einmal nachlesen …

London wird zum Hexenkessel

Ich hätte im August 2011 nicht in der britischen Hauptstadt sein wollen. Eine Serie gewalttätiger Ausschreitungen fand statt, verursacht durch die Erschießung des 29-jährigen Mark Duggan durch die Polizei (er war verdächtigt worden, für einen Drogenring zu arbeiten). Es kam zu Brandstiftungen und Vandalismus, kriegsähnliche Zustände herrschten. Die meisten der jugendlichen Randalierer gehörten zum Rand der Gesellschaft, zu den Deklassierten, den Chancenlosen. Aber auch gutsituierte Büroangestellte ließen sich mitreißen. Bei den Plünderungen ergatterten sie ihren Anteil an der Beute, einen Fernseher vielleicht oder auch nur ein Handy. Durch Überwachungskameras identifiziert, rasch gefasst, rasch vor Gericht gestellt, hart bestraft, waren sie im Nachhinein über ihr eigenes Verhalten fassungslos. Welche Torheit hatten sie begangen! Und wie mussten sie nun dafür büßen!

Wir sind bei unserem nächsten Unterpunkt angelangt: Grenzen werden der Vernunft auch dann gesetzt, wenn wir uns in Menschenmassen befinden. Dort herrscht eine spezielle Psychologie, und die ist in bis heute gültiger Weise von Gustave Le Bon (1841 – 1931) beschrieben worden. – So wenig Seneca etwas vom Unbewussten wissen konnte, so wenig auch von der Massenpsychologie. Natürlich war die Unvernunft von Massen den antiken Philosophen bekannt, aber die psychologische Begrifflichkeit war noch nicht ausgearbeitet. – Ich schlage Ihnen vor, liebe Leserin, lieber Leser, Massenverhalten zunächst am Beispiel der Athener zu studieren, wobei wir uns auf den griechischen Geschichtsschreiber Thukydides (5. Jahrhundert v.Chr.) stützen. Dann gehen wir zu Le Bon und der modernen Massenpsychologie über.

Frühe Schildbürger: die Athener im klassischen Zeitalter

In der Schule haben wir gelernt, dass in Athen die Demokratie erfunden wurde. Das stimmt. Aber hat man uns auch beigebracht, dass die antiken Philosophen, zum Beispiel Platon und Aristoteles, der Demokratie sehr skeptisch gegenüberstanden? Sie wussten um die Verführbarkeit der Massen. Ein glänzender Redner tritt in der Volksversammlung auf, und mit schmeichlerischen Worten wickelt er die Leute um den Finger. Die stimmen dann in seinem Sinne ab.

Es braucht sehr viel Reife, um mit demokratischer Freiheit umgehen zu können und sie nicht zu törichten Entscheidungen zu benutzen. Die längste Erfahrung mit der Demokratie haben die Schweizer, und sie sind möglicherweise die reifsten Demokraten. In einer ihrer vielen Volksabstimmungen hatten sie darüber zu entscheiden, ob sie sich in Zukunft statt 4 Wochen Jahresurlaub 6 Wochen gönnen sollten. Zwei Wochen Urlaub mehr! Man brauchte nur auf den Wahlzettel ein Ja zu schreiben! Aber die Schweizer schrieben in ihrer Mehrheit ein Nein (Abstimmung vom 11.3.2012).

Ein Ja zu der Initiative „Mehr Urlaub“ wäre eine Torheit gewesen, volkswirtschaftlich gesehen, und die Schweizer waren so klug, das zu kapieren.

Die Athener waren nicht so klug wie die Schweizer. Damals steckte die Demokratie ja noch in den Kinderschuhen.

Der Geschichtsschreiber Thukydides, selber ein Athener, kennt seine Pappenheimer. Er macht sich nichts vor. In wer weiß wie viel harten Nächten hat er alle Illusionen überwunden, und jetzt steht ihm die Wahrheit über die menschliche Natur klar vor Augen. Er klagt nicht an, er beschreibt nur. Auch über Alkibiades regt er sich nicht auf, solche Typen gibt es eben.

Alkibiades?

Der Athener Alkibiades stachelte, so schreibt Thukydides, seine Landsleute dazu an, die athenische Kriegsflotte nach Sizilien zu schicken und Syrakus anzugreifen. Die Sache war sehr gefährlich, risikoreich, und es gab genügend Stimmen, die abrieten. Aber Alkibiades setzte sich durch. Er war einer der ersten Machtmenschen, ein brillanter Volksverführer, egozentrisch, rücksichtslos. Er wandelte schwindelfrei an Abgründen, und mit den Göttern stand er auf verwandtschaftlichem Fuße. In seiner Jugend soll er der Lustknabe des Sokrates gewesen sein, und schon damals betörte er alle durch seinen Charme und seine Schönheit. Später durchzechte er mit seinen Freunden so manche Nacht, und einmal soll er sich dabei über die Mysterien von Eleusis, die in Athen Staatsreligion waren, lustig gemacht und sie nachgeäfft haben. (In den Mysterien von Eleusis wurde Demeter, die Göttin des pflanzlichen Wachstums, verehrt.) Auf Sizilien hatte Alkibiades es abgesehen, weil er sich dort eine eigene Herrschaft aufbauen wollte.

Von diesem Mann ließen sich die Athener verführen.

Am Tag der Abfahrt der Flotte, als die Athener zum Hafen Piräus eilten, befielen sie allerdings schlimme Vorahnungen. Der Anblick der prächtig gerüsteten Kriegsschiffe hob jedoch wieder die Stimmung – Thukydides beschreibt minuziös das Hin und Her der Gefühle.

Es kam, wie es kommen musste. Die Athener wurden vernichtend geschlagen, tausende von ihnen wanderten als Arbeitssklaven in die Steinbrüche von Syrakus. Nie zuvor war eine griechische Streitmacht in eine so schlimme Katastrophe geraten.

Torheiten, die Weltgeschichte ist voll von Torheiten. Mit ihren verhängnisvollen Folgen. Thukydides, der erste politische Geschichtsschreiber, kann uns den Blick dafür schärfen.

Hand aufs Herz: Wenn wir damals in Athen mit dabei gewesen wären, unterhalb des Akropolis-Hügels, in der Masse mit all den anderen, hätten wir dann nicht auch unter dem Einfluss des Alkibiades für den Angriff auf Syrakus gestimmt?

Ein Buch, das auch Hitler gelesen hat

Adolf Hitler brachte von Natur aus suggestive Kraft mit; schon als 16-Jähriger war er zu rhetorischen Eruptionen fähig, und sein Jugendfreund August Kubizek wurde dann regelmäßig in die Rolle des betroffenen und fassungslosen Zuhörers gedrängt – der vor Staunen am Ende zu applaudieren vergaß. Erst nach und nach begriff Kubizek, dass solche Vorführungen kein Theater waren, dass in ihnen vielmehr tödlicher Ernst waltete. Und er, Kubizek, hatte am Ende nur immer eines zu tun: bedingungslos zuzustimmen.

In den „Aufstiegsjahren" schulte Hitler systematisch sein rhetorisches Talent, seine Wirkung auf Menschen, und dazu las er auch Gustave Le Bon, Psychologie der Massen (französische Ersterscheinung „Psychologie des Foules" 1895). Hitler verglich die Masse mit einer Frau, die verführt und genommen werden will.

Le Bon und Freud

Vielleicht fällt Ihnen, liebe Leserin, lieber Leser, beim Stichwort Massenpsychologie auch Sigmund Freud ein (Massenpsychologie und Ich-Analyse, 1921). Freud bezieht sich ausdrücklich auf Le Bon und stimmt ihm zu. In unserem Rahmen reicht es deshalb, nur in das Buch von Le Bon hineinzuschauen (Freud ist dann ein Stück weit mitbehandelt):

Für den französischen Autor ist die Masse eine Art von Organismus mit völlig anderen Eigenschaften als das Individuum. Die Vernunft hat nur noch geringen Einfluss, und was der einzelne Mensch aus seiner Erziehung mitbringt, zählt nicht mehr. Gesteigert ist hingegen die Emotionalität, das Triebhafte, die Tendenz zu primitiven Reaktionen. Daraus folgen Beeinflussbarkeit und Leichtgläubigkeit. Die Masse denkt, so sagt Le Bon, nicht logisch, sondern in Bildern. Die Grenze zwischen Realität und Illusion verschwimmt, Massen kann fast alles eingeredet werden (den Deutschen auch 1944 noch oder gar 1945 der Glaube an den „Endsieg"). Der Begriff des „Unmöglichen" existiert praktisch nicht mehr. Ideen, Gefühle, Erregungen, Glaubensinhalte übertragen sich durch „Ansteckung" – genau wie eine Erkältungskrankheit; Mikroben schwirren in der Luft, und jeder atmet sie ein. So breitet sich eine geistige Strömung (courant d'opinion) mit geradezu unheimlicher Geschwindigkeit aus.

Ja, liebe Leserin, lieber Leser, wir müssen *Angst* vor Massen haben. Und wir müssen auch um uns selber Angst haben, wenn wir in Massen geraten. Unsere Persönlichkeit ist dann nicht mehr dieselbe. Unsere Reaktionen sind nicht mehr vorhersehbar und kalkulierbar. Keiner sage, ihm könne das nicht passieren. Das denken vorher alle, aber dann kommt es zum Massenauflauf, zu Massenprotesten, zur Massen-Randale, und bei jedem dieser vernünftigen Menschen ist die Vernunft schlagartig entmachtet.

Nehmen wir die Gefahr, die von Massen ausgeht, sehr ernst. Damit will ich nicht sagen, dass wir nicht mehr auf die Straße zum Demonstrieren gehen sollen.

Aber wir müssen wissen, dass wir jedes Mal, wenn wir uns in einer Masse befinden, andere Menschen sind als sonst. Viel gefährdeter und auch viel gefährlicher.

Vor dem Eintritt in die Masse sehen wir einen politischen Sachverhalt durchaus noch differenziert. Wir gestehen der Gegenposition ein relatives Recht zu. Im vernünftigen Gespräch versuchen wir, für unsere Sicht der Dinge zu werben – wobei es durchaus hart zugehen darf.

Massen hingegen sind (und wenn wir mit dabei sind, sind wir es auch) absolut einseitig. Dogmatisch einseitig. Man schaukelt sich gegenseitig zu dieser Einseitigkeit hoch. Eine Masse interpretiert immer „external“: Wir sind unschuldig, die anderen sind schuldig. Wir sind die Opfer. Auch die randalierenden Demonstranten in London hätten auf eine entsprechende Frage geantwortet: „Wir sind die Opfer. Die Opfer der Verhältnisse.“

Moderne Gruppenforschung

Die Massenpsychologie ist über die Erkenntnisse, die Le Bon und Freud geliefert haben, kaum hinausgekommen. Es scheint damals alles gesagt worden zu sein. In gültiger Weise. Aber noch ein anderer Gesichtspunkt ist wichtig: Moderne Psychologie setzt auf das Experiment, und mit Massen, mit Volksmassen, lassen sich nun einmal keine Experimente durchführen. Experimente kann man allerdings mit Kleingruppen machen, und deshalb konzentrierte sich die Sozialpsychologie auf diese. Auch dabei zeigte sich, dass dann, wenn wir mit anderen Menschen zusammen sind, der Vernunft enge Grenzen gesetzt sind und sehr schnell Torheiten begangen werden.

Gruppeneinfluss auf Wahrnehmungsurteile

Man sollte es nicht glauben: Das, was Menschen mit ihren Sinnesorganen aufnehmen, ist oftmals für sie nicht gültig. Dann nämlich nicht, wenn alle anderen etwas anderes sehen oder hören. Dann werden die eigenen Sinneseindrücke denen der anderen Menschen angeglichen.

Die klassische sozialpsychologische Untersuchung hierzu stammt von S.E. Asch. Er bot seinen Versuchspersonen in einem Wahrnehmungsexperiment drei Linien dar, die sich in ihrer Länge deutlich voneinander unterschieden; herauszusuchen war diejenige, die in ihrer Länge einer gleichzeitig dargebotenen Vergleichslinie entsprach – eine Aufgabe, die normalerweise kaum Schwierigkeiten bereitet.

Das experimentelle Design von Asch sah so aus, dass er Gruppen bildete, in denen bis auf eine Person alle anderen Personen Komplizen des Versuchsleiters waren, und dass er die o.g. Wahrnehmungsaufgabe innerhalb der Gruppe lösen ließ. Die Komplizen des Versuchsleiters gaben dabei bewusst falsche Urteile ab, und sie erreichten damit, dass sich bei 32% der abgegebenen Urteile die Versuchspersonen ihrem Urteil anschlossen – gegen den Augenschein der eigenen Wahrnehmung!

Nachfolgeuntersuchungen ergaben, dass dann, wenn die Versuchsperson noch einmal alleine getestet wurde, sie sofort richtig urteilte. Einzig und allein der Konformitätsdruck führte dazu, der eigenen Wahrnehmung weniger zu vertrauen als der Meinung der anderen.

Le Bon berichtet sogar von Massenhalluzinationen. Menschen sahen etwas, was es gar nicht gab. Erst sahen nur einige diese imaginären Dinge. Sie steckten die anderen an, und schließlich „sahen" es alle. Sie hätten die Existenz dieser Dinge sogar beschwören können.

Le Bons Beispiele, die aus der französischen Geschichte gezogen sind (aus der Epoche der Französischen Revolution und Napoleons), lassen sich schwer überprüfen. Aber bei Asch betreten wir den festen Boden der Experimentalpsychologie. Auch wenn uns hier nicht so Spektakuläres geboten wird wie bei Le Bon: ins Nachdenken kommen wir immerhin. Wir sind keine autarken Wesen! Wir meinen, es zu sein, aber wir sind es nicht. Schon auf so elementare psychische Funktionen wie die Wahrnehmung können andere Menschen Einfluss nehmen. Manch ein törichtes Urteil, das wir abgeben, erklärt sich *so*.

Ab ins Gefängnis!

In dem berühmten Stanford-Gefängnisexperiment von P.G. Zimbardo wird demonstriert, dass in Extremsituationen das Verhalten viel weniger von Persönlichkeitsdispositionen bestimmt wird und viel stärker vom sozialen Kontext und sozialen Druck, als man gemeinhin annimmt.

Für das Stanford-Gefängnisexperiment wurden 24 männliche College-Studenten ausgewählt, die psychisch völlig normal und emotional stabil waren. Sie wurden nach dem Zufallsprinzip einer Gruppe von Gefangenen und einer Gruppe von Wärtern zugeordnet. Instruiert wurden die Studenten dahingehend, dass es das Ziel des Experiments sei, eine Gefängnisumwelt zu simulieren, und sie die ganz normale Rolle eines Gefangenen bzw. Wärters zu übernehmen hätten.

Nach dieser Instruktion waren die Versuchspersonen zunächst entlassen. Das Experiment begann dann kurze Zeit später sehr realistisch, nämlich mit einer Verhaftung der Studenten, die die Gefangenen-Rolle innehatten, durch die Polizei, was für die Studenten selbst eine Überraschung war. Die Studenten wurden des Diebstahls und des bewaffneten Raubüberfalls beschuldigt, ins Polizeipräsidium gebracht, später im Gefängnis entkleidet, entlaust usw. Die

Wärter trugen Uniform, waren mit Trillerpfeife und Knüppel ausgerüstet – ein perfekt inszeniertes Rollenspiel begann.

Am 6.Tag brach Zimbardo das Experiment, das eigentlich zwei Wochen dauern sollte, vorzeitig ab. Die Simulation war außer Kontrolle geraten. Ein Aufstand der Gefangenen war von den Wärtern brutal niedergeschlagen worden, Gefangene waren misshandelt, Zählappelle sogar nachts angesetzt worden usw. Mehrere der Gefangenen hatten man bereits wegen schwerer emotionaler Störungen entlassen müssen.

Die vorgenommenen Rollenzuweisungen, so folgert Zimbardo in seinen anschließenden Überlegungen, entwickelten eine Eigendynamik, die nicht vorhersagbar war und in ihren Ursachen auch nicht korrekt diagnostizierbar ist. Fest steht nur eines: Durch das Stanford-Gefängnisexperiment ist so nachdrücklich wie in keiner anderen sozialpsychologischen Untersuchung die verhaltensformende Macht von Rollen belegt worden. Und Rollen ihrerseits sind Phänomene innerhalb von (größeren oder kleineren) Gemeinschaften. Die Gesamtgesellschaft bringt Rollen hervor, aber auch jede noch so kleine Gruppe. In diese Rollen gehen wir hinein und füllen sie aus, wir können gar nicht anders. Wenn Zimbardo uns zum Gefängniswärter bestimmt hätte, hätten wir genau so gehandelt wie unsere „Kollegen“. Natürlich gibt es Ausnahmen, aber man verlasse sich nicht darauf, dass man selber eine ist! Realistischerweise sollte man davon ausgehen, dass man unter den entsprechenden äußeren Umständen dieselben Torheiten (hier: Gemeinheiten) begeht wie alle anderen.

Groupthink (Gruppendenken)

Zuweilen verfallen Gruppen, wenn sie Probleme lösen, dem sog. „groupthink“ (Gruppendenken). Damit ist die Tendenz gemeint, über dem Streben nach Einmütigkeit die Realität aus dem Auge zu verlieren und Handlungsalternativen, die der Gruppenmehrheit zuwiderlaufen, nicht mehr zu überprüfen, sondern sofort zu verwerfen. I.L. Janis, der den Begriff groupthink eingeführt hat, demonstriert diese verhängnisvolle Tendenz u.a. an der Entscheidung der Kennedy-Regierung aus dem Jahre 1961, Fidel Castros Kuba von 1400 Exilkubanern angreifen zu lassen (ein Unternehmen, das mit einem vollständigen Debakel endete). Die Mitglieder der Regierung waren für sich genommen hochqualifiziert (so befanden sich einige ehemalige Harvard-Professoren darunter), aber als Gruppe gerieten sie in einen blinden Denkschematismus, der im Nachhinein kaum für möglich zu halten ist.

Die Symptome des Gruppendenkens lassen sich nach Janis wie folgt charakterisieren:

1. Die Gruppe entwickelt die Illusion der Unverwundbarkeit. (Die Kennedy-Regierung zweifelte nicht am Erfolg der Operation, obwohl den 1400

Invasoren über 200.000 Soldaten und Milizangehörige gegenüberstanden.)
2. Warnungen und negative Rückmeldungen werden ignoriert.
3. Die Gruppe ist fest von der ethischen Rechtmäßigkeit ihrer Entscheidungen überzeugt.
4. Die Wahrnehmung von anderen Personen und Gruppen ist nicht realitätsgerecht. (Fidel Castro wurde von der Kennedy-Regierung als dummer und schwacher Führer angesehen, dessen Armee vor dem Zusammenbruch stand.)
5. Auf Gruppenmitglieder mit abweichender Meinung wird starker Konformitätsdruck ausgeübt, der zu einer – zumindest äußerlichen – Übereinstimmung aller führt. Selbsternannte Meinungswächter kontrollieren diesen Vorgang.

Um der Gefahr des groupthink zu entgehen, schlägt Janis eine Reihe von Maßnahmen vor. So sollte der Leiter der Gruppe ausdrücklich auch zur Kritik an der Mehrheitsmeinung ermuntern. Damit diese Kritik möglichst effektiv vorgebracht wird, könnte ein Gruppenmitglied geradezu die Rolle des Advocatus Diaboli übernehmen und systematisch alle Nachteile der vorgeschlagenen Alternative aufdecken. Ferner könnten gruppenfremde Experten eingeladen werden, um ihrerseits die Gruppenmeinung kritisch zu kommentieren.

Die Untersuchungsergebnisse von Janis zum groupthink bleiben von hoher Aktualität und wurden durch menschlich verschuldete katastrophale Ereignisse leider immer wieder bestätigt. So zeigte beispielsweise die Untersuchung des Challenger-Unglücks von 1986, dass groupthink im Spiel war, und auch der Irak-Krieg von G.W. Bush dürfte auf Entscheidungsprozesse zurückzuführen sein, die Groupthink-Charakter hatten. Die Suche nach weiteren, vielleicht noch effektiveren Gegenstrategien zum groupthink hält an. Diese Gegenstrategien haben mit mächtigen psychischen Dispositionen zu kämpfen: Wir sind als Menschen nun einmal in Gruppen wie verwandelt, entscheidungsfreudiger und vor allem risikobereiter. Es findet ein Risikoschub statt (risky shift): Wir wagen mit anderen zusammen mehr als allein, und dabei wird die Hoffnung auf einen guten Ausgang gestärkt, die Furcht vor einem Misserfolg hingegen geschwächt.

Die Forschungsergebnisse zum groupthink sind beunruhigend. Normalerweise meinen wir, dass dann, wenn die Lösungen von Problemen Expertengremien anvertraut sind, keine Torheiten passieren, sondern wir im Gegenteil auf vernünftige Entscheidungen hoffen dürfen. Aber genau das ist oft nicht der Fall. Die Entscheidung einer Gruppe von Experten ist fast in jedem Fall extremer, als es die mittlere Individualentscheidung wäre. Mit Kollegen links und rechts von sich, die „mitmachen“, wagt man mehr.

Aber man verpasst u.U. auch etwas.

Die Gruppenentscheidung kann nämlich auch dahin gehen, dass man angesichts von realen Möglichkeiten untätig bleibt. Das auf sich gestellte Individuum hätte zugegriffen, aber die Gruppe versinkt in Passivität. Wieder stützt sich der Einzelne auf das Verhalten der anderen: Wenn die unentschlossen sind, darf ich es auch sein.

Orientierung an Personen – Orientierung an Sachverhalten

Der geradezu unheimliche Einfluss, den Gruppen auf das Individuum haben, hängt damit zusammen, dass sich unser Gehirn im Zweifelsfalle eher an Personen als an Sachverhalten orientiert. Wenn wir in einer Horde sind und alle plötzlich weglaufen, laufen wir mit. Das ist eine überlebenswichtige Instinkthandlung. Wenn wir selber überprüfen wollten, ob wirklich Gefahr droht, wäre es hinterher zum Weglaufen möglicherweise zu spät. Dass sich die Masse auch irren und den Einzelnen ins Verderben ziehen kann, ist klar. Eine Antilopen-Herde überquert vielleicht genau an der Stelle den Fluss, wo besonders viele Krokodile sind. Aber keine einzige Antilope schert aus! Man bekommt solche Bilder manchmal in Tiersendungen zu sehen, sie sind beeindruckend. Eher rennt die einzelne Antilope ins Verderben, als von sich aus die Sicherheit der Flussüberquerung zu überprüfen. Wenn sich aber eine Antilope alleine einem Fluss nähert, ist sie sehr vorsichtig und hält nach Gefahren genau Ausschau.

Es ist demütigend für uns, liebe Leserin, lieber Leser, aber wir gleichen den Antilopen, die in der Masse mitrennen, auch in die Gefahren hinein. So sind wir konstruiert. Die Margen, die wir hier zur Verhaltenssteuerung haben, sind minimal. (Ich würde an dieser Stelle gerne optimistischer sein, aber es wäre unredlich.)

Gefühle contra Vernunft

Wir sind wieder in Griechenland. Unter sengender Sonne stehen wir am Rande einer Pferderennbahn und schauen einem Wagenlenker zu, der mit seinem Zweigespann Übungsfahrten veranstaltet. Aber was hat er für unterschiedliche Pferde! „Das eine von den beiden, das sich in besserem Zustand befindet, ist von geradem Wuchs und wohlgegliedert, hält den Nacken hoch, hat eine leicht gebogene Linie, weiße Haare und schwarze Augen. Es zeigt Ehrliebe, verbunden mit Besonnenheit und Schamhaftigkeit, ist ein Gefährte der wahren Meinung und wird ohne Schläge, nur durch Ermahnung und Wort gelenkt. Das andere dagegen ist krumm, klobig, schlecht gebaut, hart im Nacken, mit kurzem Hals und stumpfer Nase, von schwarzer Farbe, mit glasigen und blutunterlaufenen Augen, ein Gefährte von Übermut und Prahlerei, zottig um die Ohren, stumpf und kaum der stachelbesetzten Peitsche nachgebend."

Wir beneiden diesen Wagenlenker nicht. Das eine seiner Pferde will munter voranlaufen, aber das andere bockt und geht immer wieder hoch. So kann man kein Rennen gewinnen. So kann man nicht einmal eine Spazierfahrt machen.

Was Platon (428 v.Chr. – 348 v.Chr.) in seinem Dialog Phaidros mit diesem Bild ausdrücken will? Dass die Gefühle (oft) gegen die Vernunft stehen und dann von dieser gebändigt werden müssen. Die Seele ist bei Platon dreigeteilt. Im Kopf des Menschen wohnt die Vernunft, in der Brust der Mut und im Unterleib die Begierde. Die Vernunft (der Wagenlenker) hat zwei Pferde zu führen, den Mut (dieses „Pferd" ist willig) und die Begierde (dieses „Pferd" ist widerborstig und braucht die „stachelbesetzte Peitsche").

Was für eine schlimme Psychologie! Was für eine verkopfte (nur vom Kopf ausgehende) Sicht vom Menschen! Die antiken Philosophen haben's mit der Vernunft – von Gefühlen verstehen diese Herren nicht viel. Aber auch die moderne Psychologie brauchte lange Zeit, um zur Welt der Gefühle (Emotionen) einen Zugang zu gewinnen.

Emotionsforschung

In der Emotionsforschung ist in den letzten Jahren viel in Bewegung geraten. Lange Zeit war diese Forschung vernachlässigt worden, nicht zuletzt der Schwierigkeiten wegen, zu etwas so Subjektivem wie „Gefühlen" einen objektiven Zugang zu finden. „Gefühle" gelten als das schwierigste psychologische Forschungsgebiet überhaupt.

Die neueste Emotionsforschung geht von der Tatsache aus, dass in Gefühlen Handlungsimpulse stecken. Gefühle sind wie innere Stimmen, die uns zu Abwendung oder Zuwendung aufrufen, zu Rückzug, Flucht oder auch Angriff. Gefühle wie Genugtuung, Zufriedenheit usw. geben auch die Signale zum Beenden von Tätigkeiten. Wenn man *so* nach Gefühlen fragt, hebt man auf ihre Funktion für das Überleben des Individuums (und der Gattung) ab. Auf diese Weise bekommen auch die negativen Gefühle einen guten Sinn; Ekel z.B. lässt mich vor einer schädlichen Substanz zurückschrecken und bewahrt mir die Gesundheit oder gar das Leben.

Dieser evolutionspsychologische Ansatz in der Emotionsforschung verbindet den Menschen mit dem Tier. Ein Hund z.B. reagiert, wenn sich ihm ein Fremder nähert, nach dem binären Code: Freund oder Feind? Je nachdem, wie die ankommende Person klassifiziert wird, fällt die „emotionale" Reaktion aus – die dann ihrerseits das Verhalten steuert (Schwanzwedeln oder Angriff). Gerade in der Verengung des Blickwinkels (bei Wut, Zorn, plötzlicher Angst) verrichten die Gefühle ihren Dienst. Um schnelles Handeln zu ermöglichen, *muss* der Blickwinkel eingeengt werden. Differenzierungen, Abstufungen machen dann keinen Sinn, sie verzögern nur die Reaktion. Und genau dieses Erbe tragen wir mit uns herum; wir reagieren bei gewissen Gefühlen „total“, und zu ihrer Anpassung an die Abschattierungen der jeweiligen Situation sind wir kaum fähig. Wir handeln dann ebenfalls binär: schwarz oder weiß, ja oder nein, Freund oder Feind? Höhere Seelentätigkeit, kulturell erworben, setzt später ein; aber unsere erste Reaktion ist *so*. Der Sozialpsychologe Martin Seligman spricht von einem „katastrophischen Gehirn“, das immer auf das Schlimmste gefasst ist, gefasst sein *muss*.

Ein treuer Dackel

In meinem entfernten Bekanntenkreis passierte folgende Geschichte: Ein Mann machte seinen üblichen täglichen Spaziergang mit seinem Dackel, durch Felder und Wiesen, stürzte, brach sich ein Bein und konnte sich nicht mehr erheben. Der Dackel bewachte ihn treu und ließ niemanden an ihn heran. Zwei Polizisten konnten sich dem Verunglückten nicht nähern! Ein Dackel ist ein Jagdhund und hat ein sehr kräftiges Gebiss ...Schließlich wurde der Bruder des Verunglückten geholt, auf ihn hörte der Dackel.

Gefühle, liebe Leserin, lieber Leser, können uns auch zu törichten Handlungen treiben. Aus Ekel, aus Wut, aus Zorn, aus Angst tun wir etwas, was unangemessen ist. Oder wir wähnen uns sicher, sind erfüllt von einem Gefühl der Zufriedenheit, der Genugtuung, und werden dann unachtsam und leichtsinnig. Unser Horizont ist jetzt so begrenzt – entschuldigen Sie – wie der des Dackels.

Beispiel: Wir verteidigen bei einem schulischen Problem unseren Sohn / unsere Tochter gegen die gesamte Lehrerschaft. Unsere Gefühle gehen mit uns durch. Die Liebe zu unserem Kind macht uns blind uns setzt alle vernünftigen Überlegungen außer Kraft. Das ist zunächst einmal richtig. Wenn unser Kind in Gefahr gerät, wenn sich beispielsweise ein Kinderschänder an ihm vergreift und wir erscheinen gerade noch rechtzeitig, gibt es nur eines: Das Kind verteidigen! Was unsere Gefühle jetzt tun: einen Handlungsimpuls auslösen, unseren Blickwinkel verengen (wir würden auch auf einen guten Freund losgehen), unsere Antwort „total“ sein lassen (wir setzen, wenn es sein muss, unsere Fäuste ein) - all das ist gut und richtig. Ist der Situation angemessen. Der emotionale Bereich unserer Seele tut das, was er tun soll. Wofür er gemacht ist. Der emotionale Bereich unserer Seele tut aber dasselbe auch dann, wenn eine Situation differenzierter ist, unklar ist (Schulproblem), und darin liegt das Problem. Plötzlich sind wir der beißende Dackel, so sieht uns die Lehrerschaft. Uneinsichtig sind wir, nicht mehr bereit zum Gespräch, wir waren schon beim Rechtsanwalt ... Jetzt sagen die Lehrer unter sich über uns: „Er/sie hat einen Hammer ...“

Der Umgang mit Gefühlen

Weil sie derart tief in uns verankert sind und wichtigste Funktionen ausüben, ist der Umgang mit Gefühlen so schwer. Ihre Bedeutung ist weitaus größer, als man noch bis vor kurzem meinte. Jeder Speicherungs- und Erinnerungsvorgang im Gehirn hat eine emotionale Seite. Das Gehirn speichert nicht nur Sachverhalte, sondern bewertet sie immer auch emotional, es lädt sie mit Gefühlen auf. Neutralität gibt es nicht. Insofern kann auch Denken ohne Gefühle nicht existieren, sie laufen in irgendeiner Form immer mit – und wenn es nur so ist, dass jemand an seiner Tätigkeit *Freude* hat. Der Neurowissenschaftler Hans Markowitsch spricht in diesem Zusammenhang von einem „emotionalen Erfahrungsgedächtnis"; es steuert unsere gesamte Hirntätigkeit. Alle Entscheidungen fallen auf der Basis von Emotionen.

Von größter Wichtigkeit sind diese Erkenntnisse für die Psychotherapie. Schon Freud wusste, dass er – wollte er an verdrängte Seeleninhalte gelangen – Gefühle auslösen musste; und nur über das Durcharbeiten und Ausleben verdrängter Gefühle war Heilung und Veränderung möglich.

Im zunehmenden Alter (ab 50 Jahre) scheint allerdings bewusst-rationales Denken gegenüber den Emotionen an Gewicht zu gewinnen. Schon länger beobachtete man, dass ältere Menschen besser als jüngere negative Gefühle in den Hintergrund schieben können, um dafür positiven mehr Raum zu geben. Heute, dank der neurobiologischen Forschung, kann man den Grund für dieses Phänomen angeben: Ein Hirnareal namens „medialer präfrontaler Kortex", der für bewusst-rationales Denken zuständig ist, gewinnt zunehmenden Einfluss auf die emotionalen Reaktionen. Vielleicht hat die in allen Kulturen anerkannte „Weisheit des Alters" hier ihren Ursprung. Wenn weniger Gefühle im Spiel sind, werden bei Entscheidungen die sachlichen Einzelheiten besser erfasst. Normalerweise treffen Menschen gefühlsmäßige Entscheidungen und ändern sie auch dann nicht, wenn die Faktenlage es erfordert. Gefühle, so lässt sich resümieren, beeinflussen unsere Gedanken weit stärker als umgekehrt. Im Alltag werden wir ständig damit konfrontiert: wenn wir Gefühle loswerden wollen, das aber nicht gelingt; oder wenn wir andere Menschen *gegen ihre Gefühlslage* von etwas überzeugen wollen und das ebenfalls nicht gelingt.

Ein historisches Beispiel: Der römische Autor Tacitus (mit dem wir schon zu tun hatten), Vertreter der senatorischen Geschichtsschreibung, sagt zu Anfang seiner „Annalen", er beabsichtige eine Darstellung *sine ira et studio* (ohne Zorn und Gunst). Aber er hält dieses Programm nicht ein, seine Gefühle gehen mit ihm durch. Tacitus ist voller Hass auf das Kaisertum und beschwört die verlorene Freiheit der Republik. Tiberius, Claudius, Caligula, Nero (!) sind für ihn Mörder und Verrückte. Auch wenn Tacitus ihre Regierungstätigkeit objektiv, aus innerer Distanz heraus darstellen will, wenn das seine feste Absicht ist – er kann es nicht.

Wir sind am Ende unseres ersten Kapitels angelangt. „Grenzen, die der Vernunft gesetzt sind“: Auch Gefühle setzen sie ihr, und gerade die. Schnell ist dann eine Torheit begangen. Gegen Gefühle rennt die Vernunft vergeblich an. Oder anders gesagt: Mit des „Gedankens Blässe“ (Hamlet; 3.Aufzug, 1.Auftritt) können Gefühle nicht gekontert werden. Aber durch andere, neue Gefühle. In einer Krisenlage unseres Lebens müssten wir eine neue Gefühlslage schaffen. Wir müssten *ein* Gefühl gegen *ein anderes* ansetzen. Dann sollen die miteinander streiten, dann sollen die es unter sich ausmachen.

Alle Freunde sagen es ihm, und er weiß es auch selber: Gerd begeht eine Torheit nach der anderen. Seine Gefühlslage treibt ihn dazu. Er ist auf Helene, seine Ehefrau, fixiert, aber die hat ihn verlassen. Jetzt läuft er ihr hinterher und macht sich dabei (schon wieder gebrauche ich den Ausdruck) zum Kasper. Er schickt ihr jede Woche Blumen, aber die wandern sofort in den Müll.

Wir kennen alle die Lösung: Gerd müsste sich neu verlieben. Dann würde ihm Helene egal. Eine Selbstbeschwörung „Ich sage mich von Helene los!“ ist zur Wirkungslosigkeit verurteilt. Wenn Gerd jedoch eine Kennenlern-Anzeige aufgibt oder selber auf eine antwortet, hat er den ersten Schritt zur Schaffung einer neuen Gefühlslage getan. Es wird ihm sofort besser gehen.

Aber auch ein völlig anderes Gefühl als „Verliebtsein“ würde Gerd helfen. In Gefühlen stecken – erinnern wir uns – Handlungsimpulse. Der Organismus kann aber nicht zu zwei Handlungen gleichzeitig getrieben werden. Verengung des Blickwinkels, schnelles Handeln, „totale“ Reaktion: das alles ist nur möglich im Hinblick auf *ein* Ziel. Und nur *ein* Gefühl kann dahinterstehen. Gefühle sind in unserem psychischen Apparat hierarchisch angeordnet, nur *eines* kann an der Spitze sein. Wenn Gerd durch einen furchtbaren Schicksalsschlag seine geliebte kleine Tochter verlieren würde, würde die Trauer über sie dominierend werden. Gerd würde wie versteinert sein – für viele Wochen oder gar Monate. Der Schmerz über Helenes Fortgehen wäre ein Stück weit vergessen.

Aber auch ein starkes positives Gefühl könnte Helene in Gerds Gefühlshierarchie nach unten drücken. Nehmen wir an, er ist ein Autonarr und kauft sich jetzt endlich seinen Porsche. Er geht stolz um den Wagen herum, er wechselt auf der Autobahn sofort auf die Überholspur.

Helene wird nicht mehr die Rolle spielen wie vorher.

Es gibt für den Umgang mit uns selber Kunstgriffe, die muss man herausbekommen. Beim Management der Gefühle lautet der Kunstgriff: Eine neue Hierarchie schaffen. Das bisherige Spitzengefühl durch eine neues überbieten (bzw. für dieses neue Gefühl die Voraussetzungen schaffen). – Sagen Sie jetzt nicht: „Ein Auto wiegt keinen Lebenspartner auf.“ Natürlich nicht. Aber in unserer Gefühlswelt geht es irrational zu. Ein verlorener Bleistift kann mich für mehrere Stunden in Verstimmung bringen. Das Lächeln eines fremden Menschen kann mich monatelang begleiten. Eine hingeworfene, nicht weiter bedeutungsvolle Bemerkung kann mich tief kränken.

Diese Irrationalität in der Gefühlswelt kann man sich zunutze machen, indem man seinerseits irrationale Inputs tätigt. Die Wirkung ist oft verblüffend. Jeder sollte hier mit sich experimentieren.

Kapitel 2: Dem Narrenkönig gehört die Welt

Oder doch nicht?

Was soll man nur von diesem Schiller halten? In seiner Tragödie „Die Jungfrau von Orleans" lässt er Talbot, den Feldherrn der Engländer, sagen: „Dem Narrenkönig gehört die Welt." (3.Aufzug, 6.Auftritt) Aber er selber, Schiller, vertritt als Historiker (er war eine Zeitlang Geschichtsprofessor in Jena) eine idealistische, fortschrittsgläubige Geschichtsauffassung, wie sie für das 18. und 19.Jahrhundert typisch war: Man glaubte an eine Weiterentwicklung der Menschheit zum Guten, Edlen hin.

Nun ja, ein Autor ist bekanntlich nicht verantwortlich für das, was seine Figuren sagen.

Oder doch?

Irgendwie schon. Zumindest ist es so, dass die Figuren nichts sagen können, was nicht aus dem seelischen Material des Autors stammt. Insofern ist das Diktum vom Narrenkönig, dem die Welt gehört, immerhin eine *Denkmöglichkeit* bei Schiller. Er verwirft sie. Aber er trägt den beunruhigenden Gedanken vom Narrenkönig mit sich herum. Und man lese einmal nach (in der Rede Talbots), wie Schiller das Regiment des Narrenkönigs genauer beschreibt. Es ist gekennzeichnet von Dummheit, gegen die selbst Götter vergebens kämpfen. Und dann kommt ein drastisches Bild: Die erhabene Vernunft ist einem durchgehenden Pferd an den Schweif gebunden und stürzt mit ihm zusammen in den Abgrund.

Weltgeschichte und Vernunft

Keine Gedankenspiele mit einem Narrenkönig stellt Schillers Zeitgenosse Hegel (1770-1831) an. Bei ihm ist die idealistische, forschrittsgläubige Geschichtsauffassung in Reinkultur da: „Vernunft beherrscht die Welt, und es ist in der Weltgeschichte vernünftig zugegangen."

Das ist eine steile Aussage, nicht wahr?

Vielleicht sagen Sie jetzt, Hegel fehlen eben die Erfahrungen des 20.Jahrhunderts. Wenn er zwei Weltkriege in seiner Philosophie hätte berücksichtigen müssen, hätte er anders geurteilt.

Ich glaube nicht. Hegel lebte selber in einer Kriegszeit. In der Zeit der napoleonischen Kriege. Und was sagt er zu Napoleon, der den ganzen Kontinent in Brand gesetzt hat? Er bewundert ihn, er fügt ihn in die „vernünftige" Weltgeschichte ein. In einem Brief an Niethammer vom 13.10.1806 nennt er Napoleon „Weltseele" und fährt dann fort: „Es ist in der Tat eine wunderbare Empfindung, ein solches Individuum zu sehen, das hier auf einen Punkt konzentriert, auf einem Pferde sitzend, die Welt übergreift und sie beherrscht." Im Briefkopf schreibt Hegel, der Brief sei verfasst worden am Tag, „da Jena von den Franzosen besetzt wurde und der Kaiser Napoleon in seinen Mauern eintraf". - Ob die Einwohner Jenas dabei auch eine „wunderbare Empfindung" hatten wie Hegel?

Liebe Leserin, lieber Leser, so konstruiert man sich die Weltgeschichte zusammen – um einer Philosophie willen, die aufgehen soll.

Aber warum erzähle ich das? Ich will auf etwas hinaus, was uns ganz persönlich angeht: auf unsere eigene Geschichte. Auch die konstruieren wir uns zusammen. Auch die trimmen wir auf Vernunft. Jeder von uns ist hier ein kleiner Hegel. Jeder von uns ist ein kleiner Geschichtsphilosoph.

Geschichtsphilosoph? – Das muss näher erklärt werden. Geschichtsphilosophie, was ist das eigentlich?

Geschichtsphilosophie

An sich haben Philosophie und Geschichte nichts miteinander zu tun. Der Philosophie geht es um Abstraktion, um allgemeine, überzeitliche Wahrheiten. Geschichte jedoch hat es mit konkreten Dingen zu tun. Ein konkretes Geschehen folgt auf das nächste, manchmal in Folgerichtigkeit, manchmal völlig unlogisch. Nun ist aber unser Gehirn so konstruiert, dass es überall Sinn sucht. Mit zufälligen Abfolgen gibt es sich nicht zufrieden, und nötigenfalls wird Sinn konstruiert. Warum ist das so? Das Gehirn muss die Handlungen vorbereiten, mit denen wir auf unsere Umwelt reagieren. Diese Handlungen müssen „passen". Sie sollen unser Überleben sichern. Sie sollen Schaden von uns abwehren. Sie sollen uns Vorteile bringen. Handlungen können aber nur „passen", wenn die Konstellation in der Umwelt vorher klar erkannt ist, wenn sie einen Sinn ergibt. Erst dann können wir sinnvoll antworten. Ins pure Chaos hinein ist sinnvolles Handeln nicht möglich. Also versucht das Gehirn als Allererstes, den Sinn einer Umweltkonstellation herauszufinden. Der Sinn kann auch verborgen sein, das weiß das Gehirn, und es strengt sich an, ihn trotzdem zu finden. Dabei ist nun – Sie ahnen es bereits – der Übergang zum Konstruieren von Sinn leicht vollzogen. Das Gehirn wird Opfer seiner eigenen Struktur. Es gaukelt uns Sinn vor, wo keiner ist; wir reagieren nun „sinnvoll" und „angemessen" auf eine Situation – und haben prompt eine Torheit begangen.

Wir sind also alle Sinnsucher, und der Sinnsucher par excellence ist der Geschichtsphilosoph. Er sucht einen Sinn nicht nur in Einzeldingen, sondern in der Gesamtgeschichte. Vom Geschichtsschreiber unterscheidet er sich dadurch, dass er nicht nur Fakten aneinanderreiht, sondern diese Fakten auch deutet und in einen umfassenden Zusammenhang stellt; in der Geschichte waltet für ihn ein Plan.

Große geschichtsphilosophische Entwürfe gibt es heute nicht mehr, sie sind suspekt geworden. Aber in jeder Geschichtsschreibung steckt immer auch Deutung und damit durchaus ein bisschen Geschichtsphilosophie. – Im deutschen Sprachraum stammt der wichtigste und gewagteste (um nicht zu sagen verrückteste) geschichtsphilosophische Entwurf von Hegel. Hegels Thema ist die Selbstwerdung des (göttlichen) Geistes durch die Geschichte hindurch. In einem Satz zusammengefasst, den jeder versteht, lautet Hegels Geschichtsphilosophie so: Gott schläft in der Natur, träumt im Tier und erwacht im Menschen. Jetzt etwas anspruchsvoller formuliert: Am Anfang ist Gott ungeschieden er selbst. Das ist langweilig. Also verdoppelt er sich, indem er Schöpfer wird und außerhalb von sich selber ein Zweites setzt. In diesem Zweiten (in unserer Welt) durchläuft nun der göttliche Geist eine Entwicklung vom Dumpf-Unbewussten zur Bewusstheit seiner selbst. Durch die ganze Geschichte hindurch, durch alle Kulturen geschieht das – bis der göttliche Geist in einem freiheitlich verfassten Staat (für Hegel war das Preußen) und in den Hirnschalen des Menschen wieder zu sich selber kommt. Jetzt ist Gott – im Menschen – zusammengefügte Zweiheit, und das ist Einheit auf einer höheren Stufe. (Wie auch die Liebe aus zwei Einzelnen eine Einheit in Zweiheit macht und damit beide auf eine höhere Stufe hebt.) – Der ganze Geschichtsprozess bis hin zur göttlichen Selbstwerdung im Menschen ist für Hegel *vernünftig* abgelaufen, ist von der Vernunft gesteuert gewesen.

Meine These ist nun, dass wir unsere eigene Geschichte, was den Aspekt „Vernünftigkeit" angeht, so wahrnehmen wie Hegel die Weltgeschichte. In unserem Leben geht es „vernünftig" zu. Was absolut nicht ins Konzept passt, schmeißen wir raus. Hegel schmiss Afrika raus. Er kommt auf diesen Kontinent kurz in der Einleitung seiner Geschichtsphilosophie zu sprechen, dann schreibt er: „Wir verlassen hiermit Afrika, um späterhin seiner keine Erwähnung mehr zu tun. Denn es ist kein geschichtlicher Weltteil, er hat keine Bewegung und Entwicklung aufzuweisen." Über China urteilt Hegel ähnlich hart.

Thukydides contra Hegel

Für die meisten Menschen ist die Vorstellung, nicht nur gemäß der Vernunft zu handeln, sondern intermittierend auch ein Tor zu sein, nicht aushaltbar. Es geht in unserem Leben vernünftig zu! Wir handeln vernünftig, Punktum! Gewiss, Fehler macht jeder, auch wir sind nicht frei von davon. Aber so schlimm ist das nicht …

Und der Narrenkönig, wo befindet der sich?

Der sitzt irgendwo und lacht sich ins Fäustchen, weil er unentdeckt bleibt. Er treibt sein Unwesen von hinten herum. So, dass wir es gar nicht bemerken.

Wissen Sie, wer den Narrenkönig entdecken könnte, auch bei uns?

Thukydides.

Thukydides betreibt, wir haben es bereits gesehen, realistische, harte Geschichtsschreibung. Mit Geschichtsphilosophie hatte er nichts am Hut, dazu war er zu nüchtern. Im Vergleich zu ihm ist Hegel ein Seiltänzer. Napoleon so beschreiben, wie Hegel es getan hat? Das wäre Thukydides nie in den Sinn gekommen.

Diesen Thukydides sollten wir an uns heranlassen. Damit er realistisch und hart unsere Geschichte neu schreibt.

Jetzt kriegt der Narrenkönig Angst.

Jetzt weiß er, dass er ans Licht gezerrt werden wird.

(Ich sehe ein, liebe Leserin, lieber Leser, dass ich Ihnen im Augenblick viel zumute. Ich mache eine Pause. Zur Erholung betrachten wir einen der großen Toren der Weltgeschichte. - Ich meine niemand anderes als Napoleon.)

Der Russlandfeldzug der „Weltseele zu Pferde“

In Oberitalien und in der Toskana wehte in den Jahren 1796 und 1797 der Wind der Freiheit. Er kam von Frankreich herüber, dort hatte er im Revolutionsjahr 1789 – da war er ein veritabler Sturm gewesen - den Obrigkeitsstaat hinweggefegt. Und nun besiegte Napoleon als Revolutionsgeneral in Italien in mehreren Schlachten die Österreicher, die sich dort festgesetzt hatten. Die Italiener waren entzückt. Sie fielen Napoleon um den Hals. Hätte dieser so weitergemacht, hätte er einem Land nach dem anderen *Freiheit* gebracht – Europa hätte ihm zu Füßen gelegen. Aber sehr schnell drehte sich die Sache, Napoleon wurde zum Kaiser eines imperialistischen Frankreichs. Jetzt ging es um Unterwerfung und Herrschaft, die Völker Europas wurden geknechtet.

Russlands Zar Alexander I. war Napoleons Freund und Verbündeter geworden. Deshalb ist es schwer verständlich, dass Napoleon 1812 mit der Großen Armee (ca. 600.000 Mann) auch Russland angriff. Gewiss, es gab Divergenzen, aber sie rechtfertigten den Krieg nicht. Der ehemalige französische Botschafter in Petersburg, Caulaincourt, bot all seine Überzeugungskraft auf, um Napoleon vom Angriff auf Russland abzuhalten. Er legte (als intimer Kenner der russischen Verhältnisse) dar, dass ein solcher Angriff Wahnsinn wäre und für Frankreich unmöglich. – Caulaincourt stimmte den Kaiser nicht um, das Verhängnis nahm seinen Lauf. Tolstoi kommentiert in seinem Roman „Krieg und Frieden“, wo er den „Vaterländischen Krieg“ gegen Napoleon darstellt, trocken: „Quos Deus perdere vult, dementat.“ (Diejenigen, die Gott zerstören will, macht er wahnsinnig.)

Die Russen wichen vor der Großen Armee zurück, kämpften, wichen weiter zurück, und Napoleon wurde immer tiefer ins Land gelockt. Moskau zündeten die Russen an, so konnte Napoleon dort kein Winterlager aufschlagen, die Nahrung fehlte. Er musste zurück. Bei 30 Grad Kälte und mehr! Jetzt schlugen die Russen erbarmungslos zu. Immer hinter der Großen Armee her, die sich aus Russland herausschleppte, dezimierten sie sie bis auf 30.000 Mann. Das war der Anfang vom Ende der napoleonischen Herrschaft.

Törichter als Napoleon hätte man nicht handeln können. Die unendlichen russischen Weiten! Der russische Winter! Hatte Napoleon diese beiden Größen nicht auf der Rechnung gehabt? Und überhaupt: Warum Krieg mit Russland?

Ja, man darf Napoleon einen der großen Toren der Weltgeschichte nennen. (Hitler hatte aus Napoleons Russlandabenteuer, obwohl es ihm ständig vor Augen stand, nichts gelernt. Er war der Überzeugung: „Ich mache es besser. Mir kann so etwas nicht passieren." Wir kennen alle das Ergebnis …)

In seinen Memoiren, geschrieben in der Verbannung auf St. Helena, zeigt sich Napoleon immer noch völlig uneinsichtig. Wenn man seine Darstellung des Russlandfeldzugs liest, reibt man sich verwundert die Augen. Napoleon reiht einen Sieg an den anderen. Am Ende muss dann allerdings auch er zugeben, dass die Große Armee geschlagen und vernichtet war. Aber er sagt das so unbetont, dass man es fast überliest. Im Grunde war auch der Russlandfeldzug ein Erfolg. Alles war ein Erfolg. Aber warum sitzt Napoleon dann in Verbannung auf St. Helena?

Quos Deus perdere vult, dementat.

Wenn Vernunft gegen Vernunft steht

Die Sprache gaukelt uns vor, dass Vernunft ein universelles, unteilbares Phänomen ist: Vom Wort Vernunft existiert nämlich kein Plural. In Wirklichkeit gibt es jedoch so viele „Vernünfte", wie es Menschen gibt. Ständig steht Vernunft gegen Vernunft, aber das wissen wir normalerweise nicht; wenn wir etwas als „vernünftig" erkannt haben, ist es insgesamt vernünftig; es muss dann auch für andere vernünftig sein.

Im vorigen Kapitel sahen wir, dass *Gefühle* gegen die Vernunft stehen können. Jetzt wenden wir uns der Tatsache zu, dass *Vernunft* gegen Vernunft stehen kann. Das Beispiel von Napoleons Russlandfeldzug lehrt uns das.

Napoleon war ganz sicher kein Mensch, der blind seinen Gefühlen folgte (Hitler war es, aber nicht der französische Kaiser). Napoleon überlegte sich genau, was er tat, und er kam zu dem Schluss: Der Russlandfeldzug ist vernünftig.

Der ehemalige Botschafter Frankreichs in Russland, Caulaincourt, war, wie ich oben dargestellt habe, anderer Meinung. In seinem Kopf brachte die angeblich universelle, unteilbare Vernunft ein anderes Ergebnis hervor. Vernunft stand gegen Vernunft.

Caulaincourt war einer der wenigen Menschen, zu denen Napoleon noch Vertrauen hatte und an deren Urteil ihm etwas lag. Trotzdem hatte er ihn als Botschafter aus Petersburg abberufen, denn er meinte, Zar Alexander habe ihn umgarnt und behext. Als neuen Botschafter hatte er General Lauriston eingesetzt.

Wenn Vernunft gegen Vernunft steht, greifen wir zu diversen Strategien, um *die* Vernunft, die in unserem eigenen Kopf ist (also die universelle, unteilbare, allgemein gültige), gegen das, was die anderen meinen, durchzusetzen. Wir versuchen uns zu erklären, wie die anderen zu ihrer „danebenliegenden", „unvernünftigen" Meinung kommen. Wir sagen vielleicht mit Napoleon: „Jemand hat den anderen umgarnt und behext." Aber das wäre eine sehr zugespitzte, sehr gewagte Äußerung; normalerweise begnügen wir uns mit milderen Formulierungen, wobei oft das Wort „erkennen" eine Rolle spielt: Der andere hat dieses oder jenes noch nicht erkannt – sonst würde er unserer Meinung sein. Sonst würde er „vernünftig" urteilen – wie wir es tun. Wir sind nicht arrogant, nicht aufgeblasen, wenn wir so denken, sondern wir sind in der Fiktion gefangen, dass Vernunft universell und unteilbar ist. Für die Aufsplitterung der Vernunft in „Vernünfte" fehlt uns der Blick.

Auch beim Kulturvergleich ist die Vernunft aufgesplittert. Wir fahren mit dem Auto durch ein indisches Dorf und müssen überall Kühen ausweichen. Oder wir müssen das Auto gar anhalten und warten, bis sich eine Kuh bequemt hat, die Straße zu verlassen. Diese Inder! Wie unvernünftig sie sind! Kühe gehören auf die Weide, Zaun drum herum, fertig! – Vorsicht, hier stößt wieder Vernunft gegen Vernunft. Im hinduistischen weltanschaulichen System ist auch die Kuh Trägerin der göttlichen Weltseele, des Brahman. Mit dem Brahman geht man ehrfurchtsvoll um, also auch mit einer Kuh. – Und wie gehen wir in Europa mit Kühen um? Für die Inder sind *wir* die Toren …

„Vernunft", so dürfen wir folgern, wenn wir noch einmal auf Napoleons Russlandfeldzug schauen, kann uns auch zu den größten Torheiten führen. In unserem Kopf baut sich eine Logik auf, wir folgen ihr – und gehen in die Irre. In unserem Kopf herrscht Vernunft, nichts als Vernunft, aber unsere individuelle, unsere ganz persönliche, und das ist das Problem.

Auf die Vernunft ist kein Verlass

Wenn die Vernunft aufgesplittert ist, wenn sie – entgegen unserer Empfindung – nur zu individuell gültigen Ergebnissen gelangt, dann müssen wir folgern, dass auf sie kein absoluter Verlass ist. Und sofort stellt sich die Frage: Wie können wir ihr eine sicherere Basis geben?

Wir können es nur sehr bedingt.

Es ließe sich sagen: Nun, wir haben ja die anderen Menschen. Napoleon hatte Caulaincourt, auf den hätte er hören sollen.

Und Hitler hätte auf seine Generäle hören sollen. Die schätzten die Kampfkraft des russischen Gegners realistisch ein und rieten vom Angriff ab.

Napoleon und Hitler hätten der Welt viel erspart, wenn sie sich durch andere Menschen hätten korrigieren lassen.

Aber gilt das immer? Ist die Vernunft der anderen unserer eigenen stets vorzuziehen? Natürlich nicht. Manchmal muss man einsame Entscheidungen treffen. Gegen die Meinung aller. Und man weiß nicht, wie die Sache ausgeht. Mitunter haben die anderen mit ihrer warnenden Stimme und mit ihren Gegenvorschlägen Recht, mitunter nicht. Erst post festum ist die Sache klar. Gewiss, ein Gespräch mit anderen Menschen ist immer gut, dabei klärt sich vielleicht etwas. Aber dann muss ich meine Entscheidung treffen. *Ich*. Vielleicht ist es eine Entscheidung in Richtung Torheit, ich kann das nicht mit letzter Sicherheit ausschließen.

So ist es eben.

Der Narrenkönig geht neben uns her. Als stiller, unheimlicher Begleiter. Er wartet auf unsere Fehler. Wir werden ihn nie los, den Narrenkönig. Wie Schiller ihn nicht loswurde.

Tatsachen und Theorie

„Wenn die Tatsachen nicht mit der Theorie übereinstimmen – umso schlimmer für die Tatsachen." Das soll Hegel gesagt haben, als ihn nach einer Vorlesung über Geschichtsphilosophie ein Student darauf aufmerksam machte, dass die geschichtlichen Fakten nicht zu seiner Theorie passten. Nachweisen in Hegels Werken lässt sich dieses Zitat nicht, aber selbst wenn es dem Philosophen untergeschoben sein sollte: Es wäre gut erfunden, es befindet sich im Einklang mit Hegels Denkansatz.

Wir fragten im letzten Abschnitt: „Wie können wir der Vernunft eine sicherere Basis geben?" – Auch dadurch, dass wir sie mit den Tatsachen konfrontieren. Dass wir uns anders verhalten als Hegel und unsere Vernunft an den Tatsachen ausrichten.

Rolf verfügt über eine perfekte Theorie von Erziehung, er ist ja selber Lehrer. Doch seine beiden Töchter, in welche Richtung entwickeln sie sich? Rolf sollte seine Theorie noch einmal überdenken …

Aber können die Tatsachen immer der Maßstab sein? Wieder muss man sagen: Natürlich nicht. Es gibt auch kontrafaktisches Handeln, Handeln *gegen* die Tatsachen. Ohne dieses kontrafaktische Handeln hätte es keine Weiterentwicklung in der Geschichte der Menschheit gegeben und wäre auch in unserem eigenen Leben kein Weiterkommen möglich. Felsbrocken blockieren unseren Weg. Die Fakten sind gegen uns. Aber unsere Vernunft entwickelt eine

Strategie, wie wir trotzdem unsere Ziele erreichen können. Diese Theorie muss jetzt durchgekämpft werden. Wir setzen die Theorie mutig gegen die Tatsachen an.

Aber wir haben keine Garantie auf Sieg. Vielleicht steht im Gesicht des Narrenkönigs, der neben uns hergeht, bereits grinsende Vorfreude geschrieben. Wir marschieren wieder einmal in eine Torheit hinein. Wir werden uns in den Fakten festrennen.

Vielleicht.

Vielleicht auch nicht.

Wann der 2.Weltkrieg für Deutschland verloren war

Am Anfang des 2.Weltkriegs eilte die deutsche Wehrmacht von einem Erfolg zum nächsten. Sie war auf „Blitzkriege" ausgerichtet; der jeweilige Gegner sollte mit einem raschen Stoß niedergeworfen werden. Für zermürbende, Menschen und Material verschleißende Stellungskriege hätten die Ressourcen gefehlt. Mit der Absicht, einen weiteren „Blitzkrieg" zu führen, griff Hitler im Juni 1941 auch Russland an. Aber die deutschen Armeen mussten noch vor Moskau Winterstellungen beziehen. Die eisige Kälte forderte dann unter den Soldaten (sie waren nicht mit warmer Kleidung ausgestattet) viele Opfer. Als im Frühjahr 1942 das Ostheer wieder zum Angriff antrat, war es stark geschwächt. An „Blitzkrieg" war nicht mehr zu denken. Aber damit war die gesamte deutsche Strategie gescheitert, der Krieg war bereits verloren. Dem Chef des Wehrmachtsführungsstabes, Generaloberst Alfred Jodl, engster Berater Hitlers, war das völlig klar. Am 13.5.1945 erklärte er rückblickend: „Seit Frühjahr 42 wusste ich, dass wir den Krieg nicht gewinnen konnten." Aus dem Kriegstagebuch des Oberkommandos der Wehrmacht geht hervor, dass Hitler es auch wusste. Aber sowohl Jodl als auch Hitler verdrängten diese Wahrheit.

Gegen die klare Sprache der Fakten wurde der 2.Weltkrieg von deutscher Seite aus noch jahrelang weitergeführt. In Hitlers Befehlen tauchte regelmäßig der Begriff „fanatisch" auf: „sich fanatisch an der russischen Erde festkrallen".

Es gibt, liebe Leserin, lieber Leser, die unklaren Situationen, aber es gibt auch die klaren. Wo an den Fakten nicht zu rütteln ist. Und die Vernunft sich zu korrigieren hat. Das deutsche Ostheer befand sich einem siebenmal stärkeren Gegner gegenüber, mit „fanatischer" Willenskraft war da nichts mehr zu machen.

Dem Narrenkönig gehört die Welt.

Er trug in Deutschland von 1933-1945 den Namen Adolf Hitler.

Und unsere eigenen aussichtslos gewordenen Kämpfe? Was ist mit denen? Geben wir sie auf? Treten wir in Friedensverhandlungen ein? Oder führen wir die Kämpfe auch gegen einen siebenmal stärkeren Gegner weiter? „Fanatisch", so wie es uns der Narrenkönig einflüstert?

Das Zweitbeste kann das Beste sein

Was jetzt folgt, ist eine Faustregel. Sie gilt nicht immer, aber doch häufig.

„Wie können wir unserer Vernunft eine sicherere Basis geben?“ – das ist noch immer unsere Frage.

Wir können das Gespräch mit anderen Menschen suchen.

Wir können nüchtern die Faktenlage bewerten.

Wir können auch – und dieser Gedanke wird Sie überraschen – der zweitbesten Lösung den Vorzug vor der besten geben.

Lassen Sie mich an einem Beispiel erklären, wie ich das meine:

Platon hat sein Buch Politeia (Der Staat) mit Herzblut geschrieben. Der große Philosoph ist ein etwas jüngerer Zeitgenosse des Thukydides, und wie dieser leidet er an den Verhältnissen in Athen. Die Athener bekommen ihren Staat nicht vernünftig geordnet! Da setzt sich Platon hin und entwirft den idealen Staat auf dem Papier (d.h. auf Papyrus). Platon ist der Philosoph des Wahren, des Schönen und des Guten, und solch einen Staat träumt er sich zusammen: wahr und schön und gut. Überall in der Politeia ist der moralische Zeigefinger erhoben: Die im Staat Verantwortlichen sollen den natürlichen Egoismus überwinden und selbstlose Diener am Gemeinwohl werden, das Privateigentum (Quelle allen Übels) soll verschwinden, die Jugend soll auf den Gemeinschaftsgedanken hin erzogen werden usw.

So weit, so gut.

Nun wurde Platon vom Herrscher Dionys nach Syrakus gerufen, um dort beim Aufbau des Staates Berater und Gesetzgeber zu sein. (Schon wieder begegnet uns Syrakus. Die Griechen hatten an vielen Stellen des Mittelmeerraums, sogar bis hin zum Schwarzen Meer, Kolonien gegründet, und Syrakus war die wichtigste Kolonialstadt auf Sizilien.) In Syrakus erlebte Platon allerdings eine schwere Enttäuschung. Sein bestmöglicher Staat, wie er auf dem Papier stand (Entschuldigung, auf Papyrus), ließ sich nicht in die Wirklichkeit übertragen.

Was tat Platon?

Er setzte sich noch einmal hin und entwarf in seinem Buch „Gesetze“ den zweitbesten Staat. Die „Leges“ (Gesetze) sind die abgemilderte „Politeia“. Platon hat dann nicht noch einmal versucht, Politik zu machen, jetzt mit den Leges in der Hand, aber möglich gewesen wäre das vielleicht.

Wenn das Beste nicht erreichbar ist, sollten wir unverdrossen auf das Zweitbeste zusteuern. Oder wir sollten gar nicht erst unsere „Politeia“ schreiben, sondern sofort die „Leges“. Was heißt das z.B. für die Erziehung unserer Kinder? Wir nehmen Druck weg. Wir lassen sie ihren Weg suchen. Wir zwingen ihnen nicht unseren auf.

Claus Luthe sah das anders.

Claus Luthe?

Er war Designchef bei BMW und entwarf sehr schöne Autos. Er gilt als einer der besten Autodesigner des 20.Jahrhunderts. 1990 tötete er seinen 33-jährigen drogenabhängigen Sohn. Der erfolgreiche Vater ertrug es nicht, dass der Sohn erfolglos blieb, dass aus ihm nichts wurde. – Das ist sicherlich ein extremer Fall. Aber er lehrt uns, dass Ansprüche heruntertransformiert werden müssen. Ansprüche an uns selber und an andere.

Von der anderen Seite her denken

„Du verstehst mich nicht" ist wohl der häufigste Vorwurf, den man sich in der Ehe macht. Hoffnungsvoll sind wir in ein Gespräch mit dem Partner eingetreten, ein Konflikt soll gelöst werden, aber wir stellen fest: Der andere bewegt sich nicht. Er beharrt auf seinem Standpunkt. Dabei versuchen wir ihm doch mit Engelszungen zu erklären, wie die Sache zu sehen ist. Die Vorstellung, die uns dabei leitet, heißt „Transparenz": Wenn es uns gelänge, dem anderen die Angelegenheit transparent zu machen, würde er unsere Sichtweise akzeptieren. Ganz wichtig ist dabei (meinen wir), dass wir nicht nur sagen, *was* wir wollen, sondern auch, *warum* wir es wollen. Wir müssen unsere Motive und Ziele offenlegen. Auch hier, und gerade hier, ist Transparenz nötig. Alles, was wir denken und fühlen, muss einsichtig und nachvollziehbar sein. Jetzt wird beim anderen das Aha-Erlebnis ausgelöst werden (meinen wir); er wird unser Anliegen begreifen und bejahen.

Liebe Leserin, lieber Leser, wir sind, wenn wir so denken, einem großen Irrtum verfallen. Klärende Gespräche klären meist nichts. Sie klären allerdings dann etwas, wenn ein Missverständnis vorliegt. Aber nur dann. Ich greife meine Frau an, weil sie zu viel Geld vom Konto abgehoben hat; wir haben doch gemeinsam beschlossen, für den Urlaub zu sparen! – Sie hat das Geld gar nicht abgehoben, eines der Kinder war es. – Ein Missverständnis ist aufgeklärt, ich entschuldige mich für den Angriff, der eheliche Frieden zieht wieder ein.

So mag ein Missverständnis-Gespräch ablaufen. Vom Missverständnis zu unterscheiden ist die Meinungsverschiedenheit. Sie kann nicht wie ein Missverständnis aufgeklärt werden. Das glauben wir aber. Wir behandeln Meinungsverschiedenheiten wie Missverständnisse. Wenn wir zwischen Missverständnis und Meinungsverschiedenheit zu unterscheiden lernen und dem Meinungsverschiedenheit-Gespräch eine andere Dynamik zuerkennen als dem Missverständnis-Gespräch, ist schon viel gewonnen.

Meinungsverschiedenheiten werden von uns deshalb falsch eingeschätzt, weil wir die Vernunft für ein universelles, unteilbares Phänomen halten (vgl. oben). Die Vernunft, die in uns selber tätig ist, ist auch im anderen Menschen tätig (meinen wir). Und wenn der andere Mensch nicht unserer Ansicht ist, liegt um seine Vernunft sozusagen ein Schleier, und den müssen wir fortziehen – bis „Transparenz“ erreicht ist.

Wir kämpfen um diese Transparenz in jedem neuen Konfliktgespräch und erreichen sie nie. 30, 40, 50 Ehejahre lang nicht. In jedem Konfliktgespräch schnappt die Falle neu zu – wegen unserer egoistischen Annahme, der andere würde unseretwegen seinen Standpunkt ändern. Das aber ist das Letzte, was ein Mensch normalerweise tut. Er folgt *seiner* Vernunft, und die sagt ihm etwas anderes, als uns unsere sagt.

Alles löst sich, wenn wir die Vernunft des anderen als solche akzeptieren. Wenn wir (auch) von der Gegenseite her denken. Vernunft begegnet im Gespräch Vernunft – nicht *verschleierter* Vernunft. Und sogar noch mehr ist von uns gefordert: unseren Standpunkt aufzugeben, wenn die Vernunft des Partners die besseren Sachargumente liefert.

Übrigens, wo ist der Narrenkönig geblieben? Sehen Sie ihn noch? Sollten wir ihn verscheucht haben? Dadurch, dass wir angefangen haben, Dinge richtig zu machen? Z.B. Ansprüche herunterzutransformieren und von der anderen Seite her zu denken?

Kapitel 3: Da steh' ich nun, ich armer Tor …

Doktor Faust und die Bildung

> Habe nun, ach! Philosophie,
> Juristerei und Medizin,
> Und leider auch Theologie
> Durchaus studiert, mit heißem Bemühn.
> Da steh' ich nun, ich armer Tor,
> Und bin so klug als wie zuvor!

Auch heute noch wird ein gebildeter Deutscher auf die Frage, wo deutsches Bildungsgut in seiner höchsten und reinsten Form vorliegt, sehr wahrscheinlich antworten: In Goethes Faust.

Das mag so sein.

Aber Goethes Faust beginnt mit einer totalen Infragestellung von Bildung und Gelehrsamkeit, nämlich mit jenem Satz des Doktor Faust, den ich zitiert habe. Man muss noch einmal ganz langsam das Ungeheuerliche nachlesen, was hier gesagt wird: Jemand hat vier (!) Fächer studiert (Philosophie, Jura, Medizin, Theologie), und zwar mit „heißem Bemühn“ – trotzdem ist er hinterher, seinem eigenen Urteil nach, ein Tor.

Noch vor zwei, drei Generationen bekam der deutsche Bildungsbürger, wenn er den Namen „Goethe“ auch nur aussprach, feuchte Augen. Wenn er den

Namen *aussprach*? Nur *hingehaucht* wurde der Name, andächtig hingehaucht. Und im 1.Weltkrieg hatten viele Soldaten neben dem Neuen Testament auch Goethes Faust im Tornister.

Liebe Leserin, lieber Leser, ich will in diesem Kapitel zeigen, dass Bildung viel mit Torheit zu tun hat. Bildung und Torheit sind Schwestern. Wenn wir uns um Bildung bemühen, bewegen wir uns nicht etwa immer weiter von der Torheit weg, sondern wir präparieren uns für andere, höhere Formen der Torheit.

Würde Goethe dieser Behauptung widersprechen?

Er soll es nicht wagen. Er am allerwenigsten. Er verliebte sich noch mit 73 Jahren unsterblich in die 17-jährige Ulrike von Levetzow. So wie sich Faust unsterblich in Gretchen verliebte. Ein Jahr später machte Goethe dem Mädchen einen offiziellen Heiratsantrag. In Marienbad passierte das (Goethe liebte die böhmischen Bäder). Die Mutter, Frau Amalie von Levetzow, tat das Klügste, was sie in dieser Situation tun konnte: Sie reiste mit ihrer Tochter aus Marienbad ab. Goethe war düpiert.

Alle haben einen Hammer …

Preußens Gloria

Preußens Gloria war nicht nur seine Armee, sondern auch sein an der griechisch-römischen Antike ausgerichtetes Bildungsideal. Als 1871 unter preußischer Führung das zweite deutsche Kaiserreich entstand, wurde dieses Bildungsideal deutscher Allgemeinbesitz und blieb bis in die siebziger Jahre des 20.Jahrhunderts hinein bestimmend. Dann setzte sich mehr und mehr ein an den Naturwissenschaften orientiertes Bildungsideal durch. Glücklicherweise. Was sollen wir heute noch mit Griechisch und Latein? Spezialisten mögen diese Sprachen weiterhin lernen, die Altphilologie muss auch in einer modernen Industriegesellschaft ihren Platz haben, aber übertreiben sollte man hier nichts.

Preußen übertrieb.

Preußen hatte einen Altphilologie-Fimmel.

In Preußen wurden die Köpfe der Jugend mit Griechisch und Latein vollgestopft, etwas anderes stand kaum auf dem Lehrplan.

Wie hatte es dazu kommen können? Diese Frage stellt sich umso dringlicher, wenn man bedenkt, dass Preußen im Norden Europas lag, weitab von den antiken Kulturlandschaften des Mittelmeerraums. Es gab auf preußischem Gebiet auch keine Klöster, die als Zentren der Gelehrsamkeit antike Bildung durch die Zeit der Völkerwanderung hindurchgerettet und Kontinuität hergestellt hätten. Nein, in Preußen eignete man sich die antike Bildung durch Willensentschluss der Herrscher neu an. Das war Prestige-Politik. Man wollte dem entstehenden Staat Glanz und Legitimität verleihen. Die Antikerezeption diente dazu, Preußen den anderen Mächten Europas gegenüber Status zu verschaffen. Insbesondere konkurrierte man mit Frankreich. Und weil Frankreich sich auf das Römertum kapriziert hatte (Napoleon sah sich als zweiter Cäsar), favorisierte man in Preußen das Griechentum. Dabei konnte man das historische Argument anführen, dass die Griechen das kulturell überlegene Volk gewesen und die Römer bei ihnen in die Schule gegangen waren. Also hatte man durch die Orientierung an der *griechischen* Antike Frankreich mit seiner Orientierung an der *römischen* Antike übertrumpft!

Es geht bei Bildung, liebe Leserin, lieber Leser, immer auch um Prestige. Durch Bildung sind wir was!

Die preußischen Herrscher kauften auch viele antike Kunstschätze auf und bauten für sie Museen. Einer der Herrscher fiel allerdings aus dem Rahmen, König Friedrich Wilhelm I. (1713-1740), der Vater Friedrichs des Großen. Er hielt nichts von antiker Bildung und dezimierte ganz empfindlich den preußischen Antikenbestand: Er verkaufte einen ganzen Satz von Stücken (insbesondere Skulpturen) an die Dresdner Antikensammlung Augusts des Starken – um den Preis einer Kompanie sächsischer Dragoner.

Schauen Sie, liebe Leserin, lieber Leser, von diesen Hintergrundinformationen her auf den bedeutendsten deutschen Altphilologen aller Zeiten, Ulrich von Wilamowitz-Moellendorff (1848-1931). Sie können mit diesem Namen wahrscheinlich nichts anfangen, aber in Fachkreisen genießt Wilamowitz-Moellendorff bis heute fast göttliche Verehrung. Er lebte und webte völlig im Griechentum und hatte sogar einmal, wie er in seinem Buch „Der Glaube der Hellenen" berichtet, in einem Hohlweg Arkadiens eine Erscheinung des Gottes Pan (griechischer Hirtengott, ausgestattet mit der berühmten Panflöte). Ulrich von Wilamowitz-Moellendorff war – aber das ahnte er nicht – ein Produkt der preußischen Prestige-Politik. Hatte hier ein großer, freier Geist seine Berufung gefunden? Nein. Ein fragwürdiges Bildungssystem hatte diesen Mann hervorgebracht und konnte sich dann in ihm zufrieden spiegeln.

Niemals sonst in der Weltgeschichte, vor Preußen nicht und nach Preußen nicht, gab es dieses Phänomen: dass ein Staat so bedingungslos ein völlig anderes, ihm fremdes Bildungsideal übernahm, dazu noch ein rein literarisches, in keinster Weise praktisches, und mit ihm seine Eliten formte. Seine Eliten, die dann in der Verwaltung, im Finanzwesen, im Militär usw. Verantwortung übernehmen sollten. Mit Griechisch und Latein als geistigem Rüstzeug!

Man fasst sich an den Kopf.

Bildung und Torheit, liebe Leserin, lieber Leser, sind Schwestern.

Nachtragen lässt sich, dass auch in China die staatstragenden Eliten literarisch gebildet sein mussten. Im Grunde wurde dort derselbe Blödsinn veranstaltet. Aber immerhin war es eine auf eigenem Mist gewachsene, nämlich *chinesische* literarische Bildung, die man sich aneignete.

Werden Sie Skeptiker!

Liebe Leserin, lieber Leser, bitte missverstehen Sie mich nicht, ich halte hier kein Plädoyer gegen Bildung. Ich möchte nur auf Gefahren hinweisen. Bildung ist, so sehen wir am Beispiel Preußen, ein gesellschaftliches Konstrukt. Bildung ist von Kultur zu Kultur unterschiedlich. Die Bildung, die *wir* besitzen, hat woanders womöglich keinen Kurswert, dort gelten andere Maßstäbe. Diese an sich banale Tatsache hat für manchen Kulturanthropologen der westlichen Welt dramatische Folgen gehabt. Mit dem Dünkel, einer „überlegenen" Kultur anzugehören, brach der junge Gelehrte zu Feldforschungen irgendwo im Urwald auf. Mal sehen, wie die Leute dort leben! Doch dann passierte Folgendes: Der junge Gelehrte war von der fremden, zunächst als primitiv eingeschätzten Kultur fasziniert, schloss sich ihr an (zumindest partiell) und warf sein bisheriges westliches Selbstverständnis über den Haufen (zumindest partiell). In kulturanthropologischen Kreisen hat man für dieses Phänomen den Begriff „to go native" geprägt. Bekanntestes Beispiel im deutschen Sprachraum ist Hans Peter Duerr. Für die Kollegen hat er sich zum Narren gemacht. (In unserer Terminologie: Für sie hat er einen Hammer.) In Wahrheit zeigt sich Duerr in seinen Büchern ungeheuer gelehrt, ungeheuer gebildet. Aber eben *anders*. – Sehen Sie, wie hier die Begriffe Torheit und Bildung oszillieren? Was für die eine Seite Torheit ist, ist für die andere Seite Bildung – und umgekehrt. Es kommt immer darauf an, wo man steht.

Eine Gefahr ist also, unsere eigene Bildung absolut zu setzen. Und dann hochmütig über andere mit anderer Bildung zu urteilen.

Damit ist bereits eine zweite Gefahr benannt: Bildung führt fast immer zur Selbstüberschätzung. Im Falle Preußens überschätzte sich ein ganzer Staat selbst. Auch sein letzter höchster Repräsentant, der deutsche Kaiser und preußische König Wilhelm II., überschätzte sich selbst; überall dilettierte er gern und gab sich durch den plaudernden Umgang mit Männern des geistigen Lebens den Anstrich von „Bildung". – Liebe Leserin, lieber Leser, wenn es uns gelingt, über Bildung nicht nach Prestige zu streben, ist bereits viel gewonnen.

Eine dritte Gefahr, die Bildung fast immer mit sich bringt, ist die, dass sie Menschen eine zu sichere Basis gibt. Bildung führt (oft) zu Verpanzerung, sie macht Menschen statisch. Man hat jetzt eine Basis, um sichere Urteile abzugeben.

Pustekuchen, man hat sie nicht!

Liebe Leserin, lieber Leser, werden Sie Skeptikerin/Skeptiker – gegenüber Ihrer eigenen Bildung. Vertrauen Sie ihr nicht zu sehr. So vermeiden Sie manche Torheit.

Wer uns Skepsis meisterhaft vorgelebt hat, war der griechische Philosoph Karneades (214 v.Chr. – 129 v.Chr.). Er war berühmt für seine umfassende Bildung und seinen Scharfsinn, auch für die Brillanz seines Auftretens. Er zog die Jugend in seinen Bann. Zunächst nur die griechische Jugend, er lehrte ja in

Athen. Die römische Jugend war damals noch hinterwäldlerisch, und nach dem Willen der konservativen Senatoren sollte sie auch so bleiben: Sie sollte vom aufgeklärten, „modernen" griechischen Denken möglichst wenig mitbekommen. Sie sollte brav und treu weiter auf dem Weg der Väter wandeln. – Aber dann kam Karneades nach Rom, als Abgesandter Athens in einer politischen Angelegenheit (im Jahre 155 v.Chr.). Die Jugend Roms lief ihm hinterher, und er hielt für sie einen fulminanten Vortrag. Thema war die Verteidigung der Gerechtigkeit.

So weit, so gut.

Aber Karneades war Skeptiker. Er wusste: Zu jeder Position gibt es eine Gegenposition. Nichts ist sicher. Alles kann so oder so gesehen werden. Bildung führt nicht zu einer sicheren Basis.

Diese seine Überzeugung demonstrierte Karneades auch der Jugend Roms. Am Tage nach seinem Vortrag zur Verteidigung der Gerechtigkeit hielt er einen Vortrag, bei dem er alles umstieß und das Gegenteil behauptete. Er führte jetzt Gründe gegen die Gerechtigkeit an.

Die Jugend Roms hörte verblüfft zu.

Die Senatoren jedoch sahen sich in ihrer Skepsis (auch eine Skepsis!) gegenüber allem Griechischen bestätigt. Karneades erhielt eine Schiffspassage spendiert und hatte Rom umgehend zu verlassen. Schließlich muss man die Jugend schützen!

Aber der griechische Geist drang durch alle Ritzen in Rom ein. Bei Cicero (1.Jahrhundert v.Chr.) ist bereits eine gehörige Portion Skepsis da.

Edle Einfalt, stille Größe

Die Vorstellung vom Griechentum, die in Preußen (und Deutschland) bestimmend wurde, geht maßgeblich auf Johann Joachim Winckelmann (1717-1768) zurück und lässt sich (mit seinen Worten) so zusammenfassen: „Edle Einfalt, stille Größe". – Winckelmann, ein Preuße, arbeitete als Bibliothekar in Rom und betrieb dort archäologische und kunstgeschichtliche Studien. Beide Wissenschaften, die Archäologie und die Kunstgeschichte, haben durch ihn überhaupt erst ihr Fundament bekommen, er gilt als ihr Begründer. In Griechenland war Winckelmann nie, es stand ja unter türkischer Herrschaft, aber er konnte in Italien genügend griechische Kunstwerke bzw. ihre Kopien studieren (die Römer hatten in großem Ausmaß Kunstraub betrieben und Griechenland ausgeplündert). Der homosexuelle Winckelmann war vor allem an „Schönheit" interessiert, genauer: an der Schönheit griechischer männlicher Akte; an diesen Figuren vermochte er sich nicht sattzusehen. Er stand also versunken vor den weißen, frei stehenden klassischen Skulpturen, die ursprünglich die griechischen Stadtstaaten geschmückt hatten, und dabei stieg in seiner Seele die Formel auf: „Edle Einfalt, stille Größe."

Oh ja, das kennzeichnet die Griechen.

Kennzeichnet sie *nicht*, liebe Leserin, lieber Leser. Zunächst einmal muss man sagen, dass die Figuren bemalt waren. Die Figuren und auch die griechischen Tempel, alles war in der Antike bunt. Das wissen wir heute, das wusste Winckelmann noch nicht. Er hätte einen Schlaganfall bekommen, wenn er es erfahren hätte. Er hat mit seinem Fimmel von der Farbe Weiß, die alles so erhaben mache, die gesamte Kunstrichtung des Klassizismus geprägt (das klassizistische Wohnhaus des amerikanischen Präsidenten Thomas Jefferson in Monticello/USA, von diesem selber entworfen, trägt z.B. eine weiße Kuppel).

Aber der Irrtum bei der Farbe Weiß ist nur eine Nebensache. Viel wichtiger ist, dass Winckelmanns Griechenbild lediglich von der Ästhetik der griechischen Kunstwerke her entwickelt wird, nicht von der politischen Geschichte. Deshalb diese verklärende, völlig unrealistische Vorstellung von den Griechen. Wir haben, liebe Leserin, lieber Leser, im 1.Kapitel Thukydides kennengelernt, den griechischen Geschichtsschreiber der klassischen Zeit. Wie beschreibt er die Athener? Da ist nichts von edler Einfalt und stiller Größe!

Wieder einmal stehen wir vor einem unfassbaren Sachverhalt. Da entwickelt sich im 18.Jahrhundert in Deutschland ein nur von der Ästhetik ausgehendes Griechenbild, und darauf wird das deutsche Bildungsideal aufgebaut. Wie die Griechen wirklich waren, interessierte niemanden.

Dieser Zug zum Verklären zeigt sich auch bei Ulrich von Wilamowitz-Moellendorff. In seinem Vortrag „Alexander der Große“, gehalten 1916, also mitten im Krieg, trägt der Makedonenkönig übermenschliche Züge: „Die ihn schauten, haben dem Göttlichen in ihm sich nicht verschlossen, die Nachwelt auch nicht; da sollen wir es auch anerkennen.“

Das „Göttliche“ in Alexander anerkennen?

Dieser junge Mann war ein Abenteurer und Draufgänger. Das Alexandermosaik aus der „Casa del Fauno“ in Pompeji illustriert das sehr deutlich. Alexander war ein grausamer Eroberer, einer wie Napoleon.

In Alexander das „Göttliche“ anerkennen?

Spinnt Wilamowitz-Moellendorff?

Als preußischer Junker war Wilamowitz-Moellendorff ein durch und durch konservativer, seinem Kaiser zutiefst ergebener Mann. Demokratische und republikanische Tendenzen waren ihm zuwider. *So* muss man ihn sehen, dann wird seine Alexander-Begeisterung zumindest verständlich (wenn auch nicht entschuldbar). Sie war Projektion der eigenen Ideale auf eine historische Figur.

Liebe Leserin, lieber Leser, lassen Sie sich nie von „Bildung“ und von einem „gebildeten Menschen“ beeindrucken. Seien Sie stets misstrauisch. Seien Sie skeptisch. Im „Gebildeten“ steckt immer auch der Tor. Und noch etwas: Über „Bildung“ werden immer auch politische Ideale (oft fragwürdige) artikuliert. Bildung schwebt nicht frei im Raum.

Und nicht nur politische Ideale werden über „Bildung“ artikuliert, sondern auch ganz persönliche psychische Orientierungen. Wir haben es bei

Winckelmann gesehen. Winckelmann gilt als geistiger Begründer des Klassizismus im deutschsprachigen Raum. Er hat die Kunst von der Verspieltheit des Barock und Rokoko hin zu klassischen Formen geführt. Ja, das alles stimmt, und Winckelmann ist ein ganz Großer. Aber hinter allem steht seine persönliche homoerotische Orientierung. Stehen seine enthusiastischen Erfahrungen, wenn er die angeblich weißen männlichen Akt-Skulpturen der griechischen Klassik bewunderte.

Also, liebe Leserin, lieber Leser, seien Sie von den Griechen nicht zu sehr beeindruckt. Auch sie hatten einen Hammer. Wollen Sie dazu noch ein Beispiel?

Athen hatte im klassischen Zeitalter eine radikale Demokratie. Alle (ausgenommen Frauen und Sklaven) bestimmten mit. Auch in Rechtsangelegenheiten. Jeder Athener fühlte sich als Richter und war es auch. Ständig tagten irgendwo (im Odeion, in der Stoa Poikile, im Metiokeion und anderswo) riesige Gerichtsversammlungen. Bei Strafverfahren waren es 500 Richter, bei Zivilverfahren 200-400. Das ist in der Weltgeschichte einmalig. Das ist verrückt. 6000 Geschworene versammelten sich morgens auf der Agora (die Arbeit zum Lebensunterhalt verrichteten Sklaven und Frauen) und wurden durch Los auf die einzelnen Gerichte verteilt. Das war auch noch lukrativ, denn es wurden Diäten gezahlt.

Steckt auch in Platon ein Tor?

Wenn ich im letzten Abschnitt gesagt habe, im „Gebildeten“ stecke immer auch der Tor, habe ich mich da nicht zu weit aus dem Fenster gelehnt?

Ich glaube nicht.

Ich will versuchen zu zeigen, dass das, was ich gesagt habe, sogar für Platon gilt.

Kein anderes Gedankengebäude hat die abendländische Geistesgeschichte so sehr beeinflusst wie Platons Ideenlehre, das Herzstück seines Denkens. Der englische Philosoph A.N. Whitehead (1861-1947) schreibt gar, die ganze philosophische Tradition Europas bestehe aus nichts anderem als einer Reihe von Fußnoten zu Platon.

Aha.

Hat dieser Whitehead eigentlich Aristoteles gelesen? Dessen Kritik an Platon?

Der Einfluss des Aristoteles (384 v.Chr. – 322 v.Chr.) auf die abendländische Geistesgeschichte ist kaum geringer als der Platons. Aristoteles kam mit 17 Jahren nach Athen und wurde Platons Schüler, später sein Gehilfe. Immer mehr entfernte er sich in seinem Denken vom Meister, und schließlich griff er die Ideenlehre massiv an. Die Ideenlehre sei leeres Gerede und eine unnötige Verdoppelung der Welt, schreibt er.

Wenn Aristoteles Recht hat, ist Platon ein Tor. Und eine *törichte Vorstellung* hat solch einen großen Einfluss auf die abendländische Geistesgeschichte genommen. Das ist die Konsequenz, oder irre ich mich da? – Aber Sie sollen sich, liebe Leserin, lieber Leser, selber ein Bild machen können. Dazu muss ich Ihnen die Positionen von Platon und Aristoteles kurz vorstellen. Entscheiden Sie nachher, welche Sie für vernünftiger halten.

Wenn man sich Platons Ideenlehre nähert, begibt man sich in die heißen Zonen seiner Philosophie. Für die „Ideen" schlägt Platons Herz. Auf die sinnlich wahrnehmbare Welt, meint Platon, ist kein Verlass, sie ist ständiger Veränderung unterworfen. Und alles ist unvollkommen, ist auch nur unvollkommen erkennbar. Glücklicherweise gibt es aber eine zweite, vollkommene Welt: die der Ideen. Diese Welt ist zwar den Sinnen nicht zugänglich, aber der geistigen Wahrnehmung. Hier, in der Welt der Ideen, stellt sich alles als vollkommen, unveränderlich, ewig dar. Die Welt der Ideen und die sinnlich erfahrbare Welt hängen wie Urbild und Abbild zusammen: Alles, was sich unseren Sinnen darbietet, ist nach dem Modell der himmlischen Urbilder gestaltet – aber nur annäherungsweise, nur unvollkommen. So treffen wir auf der Welt nur unvollkommene Pferde an. Aber es gibt die vollkommene Idee Pferd. Oder auch: Wir stoßen nur auf unvollkommene Tische, aber es gibt die vollkommene Idee Tisch.

Unterstreichen muss man, dass für Platon die Ideen *objektiv* existieren, also nicht nur ein Gedankenprodukt, eine Idealvorstellung des Geistes sind. Nein, es gibt sie unabhängig von unseren Gedanken.

Bei Platon liegt also eine Verdoppelung der Wirklichkeit vor, und genau das findet Aristoteles absurd. Er setzt an die Stelle der platonischen Idee den Gedanken der Entelechie. Damit ist gemeint, dass den Dingen dieser Welt etwas innewohnt, was sie zu ihrer Verwirklichung treibt. (Unübertroffen wird „Entelechie" von Goethe definiert als „geprägte Form, die lebend sich entwickelt" [in: Urworte, orphisch].) Bei Aristoteles ist also die platonische Idee sozusagen in die Dinge selbst hineinverlagert. Es existiert nur *eine* Wirklichkeit. Nicht eine Idee „Tisch" befindet sich irgendwo in himmlischen Sphären und bestimmt alle Tische hier auf Erden, sondern in jedem konkreten Tisch verwirklicht sich „Tisch" – und zwar so oder so, besser oder schlechter.

Aristoteles hatte eine Abneigung gegen Platons spekulatives Denken. Das zeigte sich auch bei der Staatsauffassung. Platons Zugangsweise zum Staat kam in diesem Buch bereits zur Sprache: Er träumte sich den idealen Staat zusammen (in der Politeia). Nach dem Syrakus-Abenteuer wurde er realistischer, nahm an seinen Träumen Abstriche vor und schrieb die Leges.

Aber auch in den Leges träumt er noch, spekuliert er noch.

Aristoteles ging in seiner Staatslehre ganz anders vor. Er analysierte zunächst 158 Verfassungen (jeder der vielen griechischen Stadtstaaten besaß seine eigene) und fragte sich dann, welche wohl die besten seien. Auf dieser Grundlage entwarf er einen praktisch möglichen Staat. Er wollte gar keinen

Idealstaat, denn er wusste, dass es den niemals geben kann. Er wollte einen Staat, der einigermaßen funktioniert. – *So* ist Aristoteles. Er steht am Anfang unseres abendländischen empirisch-wissenschaftlichen Denkens. Mit Platon hingegen beginnen die kühnen, spekulativen Gedankengebäude.

Platon und Aristoteles sind Gegensätze.

Der Schüler wandte sich gegen den Lehrer.

Für den wachen, hellen Verstand des Aristoteles war der spekulierende Platon ein Grenzfall – ganz nahe bei der Torheit.

Und Aristoteles – ist der frei von Torheit?

Ich würde sagen ja, Aristoteles ist frei von Torheit. Aber bei ihm stellt sich das Problem anders. Aristoteles hat uns den Weg in das logische Denken gewiesen, und genau dieses logische Denken kann zum Problem werden. Kann uns – wenn Sie so wollen – zu Toren machen. Wenn wir es absolut setzen und nicht offen für anderes Denken sind.

In unserer Zeit passiert immer häufiger Folgendes: Ein europäischer Geschäftsmann reist nach China, um dort Verhandlungen mit seinen Partnern zu führen. Aber die reagieren völlig anders, als er dachte. Sie halten Abmachungen nicht ein. Sie sagen nicht klar ja oder nein. Sie schieben Entscheidungen hinaus. Für sie ist plötzlich alles ganz anders, als man es vorher besprochen hatte usw.

Unser europäischer Geschäftsmann und die Chinesen folgen verschiedenen Logiken. Der europäische Geschäftsmann folgt der aristotelischen Logik; er kann mit dem Namen Aristoteles gar nichts anfangen, was geht ihn dieser griechische Philosoph an?, aber er folgt trotzdem seiner Logik. Weil sie in Europa zum geistigen Fundament gehört.

Aber nicht bei den Chinesen.

Die denken anders.

Wenn der europäische Geschäftsmann z.B. sieht, dass eine Wand *weiß* ist, kann sie nicht zugleich eine andere Farbe haben. Logisch, nicht wahr?

Nicht logisch. Für die Chinesen jedenfalls nicht. Die Wand ändert doch laufend ihre Farbe! Je nachdem, wie die Sonne steht, ob Schatten fallen, ob der Himmel grau ist usw. In stockdunkler Nacht ist die Wand sogar schwarz. Die Dinge, so lehrt die chinesische Weisheit, sind ständig in Veränderung. Jemand, der steif und fest behauptet, eine Wand sei weiß, ist ein Tor. Eines der wichtigsten Bücher Chinas ist das I Ging, das Buch der Wandlungen. Hier wird gezeigt, wie man sich demütig und aufnahmebereit auf den Wandlungscharakter der Dinge einlassen muss – um erfolgreich zu sein: „Werdezeiten haben Schwierigkeiten. Es ist wie eine Erstgeburt. Aber diese Schwierigkeiten entstehen aus der Fülle dessen, was nach Gestaltung ringt. Es ist alles in Bewegung begriffen, darum ist trotz der vorhandenen Gefahr Aussicht auf großen Erfolg da. Aber jedes vorzeitige Zufassen könnte Misserfolg bringen."

Das ist eine uralte Weisheit, aber wie geschaffen für eine heutige Firmengründung! Werdezeiten … Schwierigkeiten … Aussicht auf großen Erfolg … aber kein vorzeitiges Zufassen!

Der europäische Geschäftspartner sieht das anders. Ran an die Sache! Zupacken! Nicht zögern und zaudern! Aber er läuft ins Leere …

Mit aristotelischer Logik kommt man in China nicht weit. Auch in der Psychologie nicht. Die Seele funktioniert nicht logisch. Oft genug sind in ihr Widersprüche. Zwei gegensätzliche Handlungstendenzen treiben den Menschen, beide haben ihr Recht, die Wand ist weiß und schwarz zugleich.

Die zwei wichtigsten logischen Prinzipien bei Aristoteles (nachzulesen in seiner Metaphysik) sind das Prinzip vom ausgeschlossenen Widerspruch und das Prinzip vom ausgeschlossenen Dritten (tertium non datur). Das Prinzip vom ausgeschlossenen Widerspruch lautet (mit den Worten des Aristoteles) so: „Es ist unmöglich, dass jemand annehme, dasselbe sei und sei nicht.“ Dieses Prinzip wurde schon zur Zeit des Aristoteles nicht allgemein anerkannt. Ist es wirklich zwingend? – Das Prinzip vom ausgeschlossenen Dritten besagt: Etwas Drittes zwischen wahr und falsch gibt es nicht. – Wirklich nicht? Und die Grautöne, was ist mit denen? – Wenn wir logisch exakt denken, wie Aristoteles es dem Abendland beigebracht hat, werden wir oftmals der Komplexität der Sachverhalte nicht gerecht werden.

P. - ein großer Dichter? Entscheiden Sie!

Nein, ich verrate den Namen des Dichters nicht sofort, nur den Anfangsbuchstaben: P. Ich möchte, dass Sie, liebe Leserin, lieber Leser, sich völlig unbelastet von dem Namen anhand von zwei Gedichten ein Urteil darüber bilden, ob P. Ihnen als Dichter gefällt oder nicht. Wenn wir uns in Bildungstraditionen befinden, geben wir leicht unser eigenes Urteil auf, um das allgemeingültige Urteil nachzuplappern. Wer wagt es schon, etwas gegen Goethe oder Schiller zu sagen? Die Gefahr, als Ignorant dazustehen, ist viel zu groß. Wenn man sich z.B. an Goethes Romanen versucht und in den Werther nicht hineinfindet, weil er zu schmalzig ist, und in die anderen Romane auch nicht, weil sie zäh wie Leder sind, wenn also Goethe für uns als Romanschriftsteller eigentlich eine Null ist, bleibt er doch *Goethe*. Und schöne Gedichte hat er ja geschrieben, das ist unbenommen.

Also: In der eigenen Bildungstradition sind Urteile, die gegen den Konsens ausgesprochen werden, ein Wagnis. Aber wenn wir in eine andere Bildungstradition hinübergehen, sind wir freier. Und vor allem sind wir neugierig. Wir kennen dort ja noch nicht viel.

Wir gehen also nach … (jetzt teile ich nicht einmal den Anfangsbuchstaben des Landes mit, sonst erraten Sie möglicherweise schon alles) und schauen uns dort an, was P. so gedichtet hat. Natürlich müssen wir uns auf eine Übersetzung verlassen, das ist bei Gedichten immer misslich, aber Fachleute versichern uns, dass Gedicht-Übersetzungen vom … ins Deutsche zu ziemlich authentischen Texten führen (jedenfalls zu besseren als bei Übersetzungen vom Englischen ins Deutsche [um einen englischen Dichter handelt es sich bei P. also nicht!]). – Und noch etwas: Vielleicht gefällt Ihnen P. ja und Sie gelangen gar nicht zu dem von mir erwarteten Negativurteil. Umso besser!

Und nun die beiden Gedichte:

Die Rose

Unsere Rose,
wohin ist sie?
Es welkte die Rose,
die Blüte der Früh.
Freund sage nie,
die Jugend verwelke!
Freund sage nie,
dass Lust sich umwölke.
Sprich: „Blüte verblüh,
leb wohl, es war schön!"
dann zeige uns wie
die Lilien stehn.

Nacht

Mein Stimmhauch nur zupft noch am Saum der Nacht,
fühlt in die Stille, zart nach dir und sacht.
An meinem Lager blakt noch trüb ein Licht.
Verse murmeln aus mir, und es bricht
ein Strom hervor voll Liebe, voll mit dir.
Im Dunkeln noch glänzt dein Gesicht vor mir,
und in mir lächelt's, in mir klingt's so fein:
Mein Herz, mein trautes Herz, ich liebe, ich bin dein.

Nun, wie gefällt Ihnen P. als Dichter? Spricht er Sie an? Sie ganz persönlich? Denn entscheidend ist doch, dass Literatur uns etwas sagt. Und dass wir Dichter nicht nur deshalb bewundern, weil sie einen großen Namen haben. Freilich, bei Dichtern anderer Länder ist der Unterschied zwischen Binnenwert und Außenwert zu beachten. Ein Dichter hat normalerweise innerhalb seines Volksganzen mehr Bedeutung als außerhalb. Und doch muss auch nach außen etwas überspringen. Auch außerhalb des jeweiligen Volkes muss ein großer Dichter Anklang finden, muss er einen Eindruck hinterlassen. Sonst stimmt etwas nicht. Sonst macht sich das jeweilige Volk etwas vor. P. nun hat keinerlei Eindruck im Ausland hinterlassen. Für sein Volk ist er der Nationaldichter, aber im Ausland ein Unbekannter.

Das ist merkwürdig.

Dante, Shakespeare, Cervantes, Voltaire – mit all diesen Namen verbinden wir etwas. Mit Voltaire kaum noch ein literarisches Werk, er wird heute nicht mehr gelesen, aber wir wissen alle, dass er ein unbeirrter Vorkämpfer der politischen Freiheit war. Mit großem persönlichem Mut und beißendem Spott hat er die autoritären Strukturen des vorrevolutionären Frankreich angegriffen.

Von P. ist nichts dergleichen zu vermelden. Obwohl auch er in einem autoritären System lebte. P. ist Puschkin (1799-1837), und seine Heimat ist Russland. (Die Gedichte wurden nach der Übersetzung von Menno Aden angeführt.)

Puschkin wird in Russland bis heute in enthusiastischer Weise verehrt. Dostojewskij gab im 19.Jahrhundert die Parole aus: „Ein Russe, der Puschkin nicht versteht, hat kein Recht, sich Russe zu nennen.“ Diese Parole gilt immer noch. Und jeder kennt Puschkin. Wenn Sie in Russland in fröhlicher Runde nach einigen Gläsern Wodka anfingen zu zitieren: „Unsere Rose, wohin ist sie?“, würde es Ihnen sofort entgegenschallen: „Es welkte die Rose, die Blüte der Früh.“ So gut wie die Russen ihren Nationaldichter kennen, so gut kennt kein anderes Volk den seinen.

Halten Sie das Gedicht „Die Rose“ für so bedeutend, dass man es auswendig kennen sollte?

Oder das Gedicht „Nacht“?

Ich habe, das versichere ich Ihnen, zwei Gedichte ausgewählt, die nach meiner Einschätzung zu den guten gehören. Es gibt Schlechteres in Puschkins Werk. Und auch die guten Gedichte – reichen sie an die von Schiller und Goethe heran? Ganz bestimmt nicht. Auch nicht an die von Hölderlin. Im deutschen Sprachraum würden wir Puschkin auf den zweiten Rang verweisen und ihn etwa neben einen C.F. Meyer stellen.

Diesen Puschkin nun beten die Russen an. Ja, man muss es so sagen. Kein anderes Volk hat seinen Nationaldichter in derart schwindelerregende Höhen erhoben wie die Russen ihren Puschkin. Die ehemalige DDR hat die Puschkin-Verehrung brav mitgemacht und viele Straßen und Parks nach dem russischen Dichter benannt.

Russland galt lange und gilt im Grunde auch heute noch als rückständig. Im Bereich der Literatur war Gesamteuropa in der ersten Hälfte des 19.Jahrhunderts schon ziemlich weit vorangeschritten, Russland hinkte auch hier hinterher. Man hielt Ausschau: Wo ist jemand, der die noch offene Planstelle des Nationaldichters besetzen kann? Wir haben noch keinen! Aber wir wollen mit den anderen europäischen Nationen gleichziehen! – Und da tauchte dieser Puschkin auf, ein jugendlicher Abenteurer, ein unruhiger Geist. Mit einem viel zu frühen, dramatischen Tod (er starb im Duell). Puschkin wurde zum Heros aufgebaut. So entstehen große Dichter. Sie werden gemacht. Irrationale Prozesse sind am Werk. Auch Blindheit ist am Werk (die Gestalt Puschkins wurde nicht realistisch wahrgenommen). Und ist Puschkin einmal großgemacht, kann er nur noch größer werden, denn jeder, der sich ihm nähert, setzt noch eins drauf. Abstiegsbewegungen hingegen sind in der Kultur- und Geistesgeschichte seltener zu beobachten.

Apropos Nationaldichter: für Russland ist die Sache eindeutig, dort ist es Puschkin. Aber wer ist es in Deutschland? Goethe? Schiller? Nur die beiden kommen infrage. Goethe ist ganz bestimmt der bedeutendere Mann. Aber warm werden konnte der durchschnittliche Deutsche mit ihm nie, dazu ist Goethe zu distanziert. In seinen späteren Jahren erlebte er das Aufkommen der Romantik. Dort wurde versucht, die deutsche Volksseele wiederzufinden (durch einen verklärenden Blick auf das Mittelalter). Wie begegnete Goethe der Romantik? Mit kühler Herablassung. Sein Feld wurde mehr und mehr die „Weltliteratur" (der Begriff stammt von ihm), und die einzelnen Nationalliteraturen waren für ihn lediglich Ausprägungen der Weltliteratur.

Im Grunde ist der deutsche Nationaldichter eine aus Goethe und Schiller zusammengesetzte Gestalt. Die beiden haben ja auch phasenweise zusammengearbeitet (Xenien-Dichtung). Schillers Leben verlief unter ungünstigeren Bedingungen als das Goethes (Armut; Krankheit; ein früher Tod riss ihn aus dem Schaffen), auch deshalb reichte er nicht an Goethe heran. Als Historiker und auch philosophisch war Schiller Goethe allerdings weit überlegen. Und er hat die populäreren Gedichte geschrieben. Meine Mutter, eine Frau mit einfacher Volksschulbildung, verbindet mit dem Namen Goethe nichts, aber Schillers Lied von der Glocke kennt sie auswendig. Das haben sie damals in der Schule gelernt. Das Lied von der Glocke muss meine Mutter als Mädchen sehr bewegt haben, es ist tief in ihre Seele eingedrungen, für immer. Das ist authentische Aneignung von Dichtung! Wenn wir allem künstlichen, aufgeblasenen Bildungsdenken Ade sagen, all den Torheiten, bleibt trotzdem etwas: nämlich das, was unsere eigene Seele aufnehmen will. Ich selber z.B. *muss geradezu* (ja, es ist ein Zwang) immer mal wieder gewisse Gedichte von Rilke lesen, von Hugo von Hofmannsthal, auch von Goethe, auch von Schiller (von dem z.B. „Resignation"). Wagen wir es, liebe Leserin, lieber Leser, Literatur nach unseren eigenen inneren Bedürfnissen zu bewerten!

Faust als Psychologiestudent

Wir haben unser Kapitel über Bildung mit Faust begonnen, wir wollen es auch mit Faust beenden. Wir lassen Faust ein fünftes Fach studieren, ein modernes, eins, das es zu seiner Zeit noch nicht gab: Psychologie. Wieder macht sich Faust mit „heißem Bemühn" an die Arbeit. Und mit dem Psychologie-Diplom in der Tasche wird er endlich kein Tor mehr sein.

Hofft er.

Faust bekommt schon früh im Studium eine Hilfskraft-Stelle angeboten. Eine Professorin für Sozialpsychologie ist auf diesen eifrigen Studenten aufmerksam geworden. Sie führt eine Studie zur Aufgabenverteilung in der Ehe durch; dabei interessieren sie eventuelle psychische Folgen, die eine ungleiche Aufgabenverteilung für die Frau mit sich bringt.

Was ist nun Fausts Tätigkeit? Er sichtet bereits vorhandene Forschungsergebnisse, er führt Interviews durch, er wertet die Antworten statistisch aus … Mit ihm zusammen sind weitere Hilfskräfte tätig, denn der Professorin war es gelungen, 20.000 Euro an Forschungsmitteln für das Projekt zu erhalten. Steuergeld! Die Gesamtheit der Bürger finanziert diese Forschung! Und was erhält sie für ihr Geld von der Professorin?

Als die Ergebnisse der Studie vorliegen, muss Faust schlucken. Was da im Abschlussbericht steht, den er selber ins Reine geschrieben hat, hätte er sich vorher denken können: Frauen, die im Haushalt von ihren Ehemännern nicht unterstützt werden, leiden häufiger an Depressionen als ihre Geschlechtsgenossinnen.

Liebe Leserin, lieber Leser, das ist über weite Strecken psychologische Forschung. Sie führt zu banalen Ergebnissen. Und für so etwas zahlt die Gesellschaft! Jede Institution, auch ein Psychologisches Institut, hat einen Selbsterhaltungstrieb wie ein Individuum. Diesem Selbsterhaltungstrieb ist alles untergeordnet. Ein Psychologisches Institut muss forschen; wenn es das nicht mehr tut, verliert es seine Daseinsberechtigung. Auch unsere Professorin für Sozialpsychologie muss forschen, und je mehr sie forscht, desto höher wird ihre Reputation sein. Desto eher kommt auch eine Berufung an eine andere, angesehenere Universität zustande. Faust ist in das Spiel Forschung hineingeraten. Die erste Regel dieses Spiels heißt: „Wir spielen kein Spiel." Faust befolgt diese Regel, er hält den Mund, er lässt nicht erkennen, dass er das Spiel durchschaut hat, er will ja schließlich bei seiner Professorin noch Examen machen.

Der Laie meint, universitäre Forschung orientiere sich an der jeweiligen Wissenschaft und ihren noch unbearbeiteten Feldern. Dieser oder jener Sachverhalt muss dringend erforscht werden! Wir müssen in der Psychologie (in der Pädagogik, in der Theologie …) noch dieses oder jenes unbedingt wissen!

So ist Forschung aber nur zum Teil motiviert. Sie wird auch betrieben, weil immer neue Wissenschaftler heranwachsen, die sich profilieren wollen. Und die müssen Themen finden. Als ich meine eigene Doktorarbeit schrieb (im Grenzgebiet zwischen Psychologie und Theologie), ging ich doch nicht von der Wissenschaft aus, in der eine Lücke geschlossen werden musste! Nein, ich dachte (wie wohl jeder Doktorand) an mein eigenes Fortkommen. An meine Karriere. *Deshalb* fing ich an zu schreiben. *Deshalb* suchte ich ein geeignetes, noch nicht bearbeitetes Thema (eine Doktorarbeit muss substantiell Neues bieten). Die Suche nach einem für eine Doktorarbeit geeigneten Thema ist aber nicht immer einfach, und oft werden Themen an den Haaren herbeigezogen. Von dem Professor, der die Doktorarbeit betreut. Der Doktorand ist dadurch von vornherein dazu verurteilt, ein Tor zu sein. Einer zu sein, der Törichtes, Überflüssiges produzieren wird. In die meisten Doktorarbeiten schaut hinterher niemand mehr hinein. Sie stehen nur im Regal. Sie werden allenfalls von denen benutzt, die später eine Doktorarbeit über ein ähnliches Thema verfassen. In breitere Kreise wirken sie nicht hinein. Der Gesamtgesellschaft nützen sie überhaupt nicht. Dabei ist dem Professor, der den Doktoranden auf die Fährte gesetzt hat, gar kein Vorwurf zu machen. Die relevanten Themen sind begrenzt, in jeder Wissenschaft, und werden von Doktorarbeit zu Doktorarbeit weniger. Also müssen auch irrelevante Themen genommen werden. Und so dargestellt werden, dass sie relevant erscheinen. Die Fiktion, in die man sich da begibt, fällt dem betreffenden Professor und seinem Doktoranden überhaupt nicht auf. Letzterer macht sich mit „heißem Bemühn“ an die Arbeit. Ein weiterer Faust, ein weiterer Tor ... Das System produziert einen Faust nach dem anderen. Von außen lässt sich dieses irre System nicht beurteilen, wer hätte die Kompetenz dazu? Noch nicht einmal ein Bildungspolitiker. Die Kompetenz hat man nur, wenn man zum System dazugehört, also selber Professor ist oder zumindest habilitiert (für das entsprechende Fach). In ganz kleinen Kreisen, die eng geschlossen sind und niemanden hereinlassen, wird darüber entschieden, was Wissenschaft ist. Torheiten lassen sich diesem System, um es noch einmal zu sagen, von außen prinzipiell nicht nachweisen. Wer kann z.B. ein Gutachten über die Qualität eines Professors anfertigen? Nur ein Professor derselben Fachrichtung, also ein Kollege. Zu wirklicher Kritik ist lediglich der Aussteiger fähig. Also jemand, der den Betrieb von innen her kennt, aber nicht mehr mitmacht.

Liebe Leserin, lieber Leser, bitte verstehen Sie mich nicht falsch. Ich behaupte nicht, dass universitäre Forschung am laufenden Band Torheiten produziert. Aber sie produziert eben *auch* Torheiten.

Kapitel 4: Das Gehirn ist schuld

Torheiten, die sich nicht vermeiden lassen

Etwa 90% der Gehirnprozesse sind unbewusst. Wir könnten ohne diese komplexen und sich in Sekundenbruchteilen abspielenden Prozesse überhaupt nicht überleben. Bereits etwas so „Einfaches“ wie ein Einkaufsbummel in der Innenstadt verlangt dem Gehirn Meisterleistungen ab: anderen Menschen ausweichen; Gesichter daraufhin abtasten, ob sie Bekannten gehören; auf die Bordsteinkante achten; nicht an dem Uhrengeschäft vorbeilaufen, das wir suchen usw. Schon der Entscheidungsprozess, ob das Gesicht eines Entgegenkommenden uns bekannt ist oder nicht, setzt mehrere Gehirnareale in

Bewegung: Das Gesicht muss mit allen in uns gespeicherten Gesichtern verglichen werden; eine Abschätzung ist nötig, ob ein Unterschied zu einem vertrauten Gesicht auf natürliche Veränderungen (anders geschminkt) zurückzuführen ist und also Konstanz besteht oder nicht. Eine solche Abschätzung wiederum nimmt das Gehirn nicht planlos vor, sondern es folgt strategischen Regeln, es geht blitzschnell alle möglichen Veränderungsprozesse durch und prüft, ob eventuell einer zutrifft (anders geschminkt; gealtert; voller Sorgenfalten usw.). Unsere unbewusste Gehirntätigkeit ist also in jedem Augenblick unseres Lebens ungeheuer, man spricht von 11 Millionen Schaltvorgängen pro Sekunde. Es ist überhaupt nicht möglich, dass uns all das *bewusst* würde. Bewusstsein ist ein letzter Überbau über dem Ganzen.

Wenn ein Mensch eine Torheit begangen hat, machen wir als Beobachter ihn dafür verantwortlich. Er hätte anders handeln sollen! Dabei setzen wir voraus, dass er tatsächlich anders hätte handeln *können*. Aber so einfach ist das nicht. Vielleicht hat dieser Mensch jene Torheit gar nicht aus seinem Bewusstsein heraus begangen, vielleicht steckten die unbewussten Gehirnvorgänge dahinter. Sie haben dann den betreffenden Menschen unerbittlich in die Torheit hineingetrieben. Das Gehirn war schuld! Ja, es ist aufgrund seiner Funktionsweise, aufgrund der Programme, nach denen es arbeitet, tatsächlich an vielen Torheiten schuld. Ich gebe ein Beispiel (Quelle: Der Spiegel 14/2012, S.52). Es geht um die allgemein bekannte Tatsache, dass wir bei der Jagd nach Rabatten den Tricks der Verkäufer fast hilflos ausgeliefert sind. Befragt wurde vom Spiegel der Bonner Hirnforscher Christian Elger (ich zitiere einen Teil des Interviews):

Spiegel: Warum suchen eigentlich auch Menschen, die sich als besonders kritisch verstehen, nach Rabatten?
Elger: Selbst Rabattforscher sind anfällig für Rabatte. Ich auch, zum Amüsement meiner Frau.
Spiegel: Was löst der Hinweis „Rabatt“ in unserem Gehirn aus?
Elger: Wir schieben Versuchspersonen in den Kernspintomografen, um zu untersuchen, wie das Gehirn auf Signale reagiert. Das Rabattsignal führt dazu, dass der Proband bei der Vorstellung, er kaufe die Ware tatsächlich, eine Aktivierung seines Belohnungssystems erlebt. Dabei wird Dopamin ausgeschüttet, eine Art Glückshormon – auch dann, wenn der Preis überzogen ist.
Spiegel: Das hört sich an, als könnten wir uns nicht dagegen wehren.
Elger: Es gibt einen zweiten Befund, der noch viel erschreckender ist. Normalerweise steht bei jedem vernünftigen Menschen vor der Kaufentscheidung die Überlegung: Brauche ich das? Wenn Sie Dinge haben, die mit Rabatt gekennzeichnet sind, ist diese Struktur deutlich weniger aktiviert. Unsere Vernunft wird ausgeschaltet.
Spiegel: Will das Gehirn dieses Gefühl immer wiederholen?

Elger: Ich denke, dass das Suchtcharakter hat. Rabattsignale funktionieren wie Kokain.

Wer also nach einem nachmittäglichen Ausflug in die bunte Kaufhauswelt mit einem Schnäppchen zurück nach Hause kommt und dann vom Ehepartner Schelte erhält und vielleicht auch selber einsieht, dass er etwas Unnützes oder immer noch zu Teures gekauft hat – dieser Mensch darf (und vielleicht ist das ja entlastend) sagen: „Nicht ich war schuld (mit meiner bewussten Entscheidung), sondern mein Gehirn (mit seinen mir undurchsichtigen und von mir nicht zu steuernden Prozessen)."

Haben wir gegen jene unbewussten Gehirnprozesse, die uns zu Torheiten treiben, eine Chance?

Ich weiß es nicht.

Nachdenklich macht mich, dass in dem angeführten Interview selbst der Hirnforscher (er bezeichnet sich hier als „Rabattforscher") zugibt, auf Rabatte hereinzufallen.

Wie auch immer, ich glaube, es ist für Sie, liebe Leserin, lieber Leser, von Interesse, über jene Gehirnprozesse, deren Opfer wir werden können, Genaueres zu erfahren …

Wie es zur Fehleinschätzung anderer Menschen kommt

Ich muss gestehen, dass ich ein schlechtes Gewissen habe, wenn ich an die Professorin für Sozialpsychologie denke, von der am Ende des letzten Kapitels die Rede war (jene Frau, bei der Faust arbeitete und die die Studie zur Aufgabenverteilung in der Ehe durchgeführt hat). Ich habe eine Fehleinschätzung vorgenommen. Ich habe mich vom ersten Eindruck leiten lassen, den ich von dieser Frau bekommen hatte. Diesen Eindruck will ich nun korrigieren. Ich schaue mir an, was die Professorin sonst noch macht, und stelle fest, dass eines ihrer Arbeitsgebiete Personenwahrnehmung ist.

Personenwahrnehmung?

Das hört sich interessant an.

Dazu möchte ich von dieser Frau belehrt werden. Ich erfahre (und Sie, liebe Leserin, lieber Leser, erfahren mit mir) Folgendes:

In der Personenwahrnehmung wird untersucht, auf welche Weise unser „Bild" von einem anderen Menschen entsteht, welche Gesetzmäßigkeiten hier eine Rolle spielen, zu welchen Verzerrungen es kommt. Wichtig ist zunächst einmal der erste Eindruck, den wir von einer Person haben. Dieser Eindruck bildet sich blitzschnell, meist aufgrund weniger Informationen, und ist sehr resistent gegen Veränderungen. (Oh ja, so war es bei mir Ihnen gegenüber, Madame.) Charakteristisch für den ersten Eindruck ist ferner, dass er ganzheitlich ist, dass wir also die wenigen Informationen, die wir bei der allerersten Begegnung mit einer fremden Person erhalten, gewissermaßen „hochrechnen“ zu einem kompletten Persönlichkeitsbild der betreffenden Person. Bei diesem Hochrechnen bedienen wir uns bestimmter Regeln (z.B.: „Wer lügt, stiehlt auch.“), die vielleicht statistisch gesehen gerechtfertigt sind, aber im Einzelfall möglicherweise zu einer Fehlbeurteilung des anderen führen.

Über den Grund für die Stabilität des ersten Eindrucks gibt es eine Reihe von Theorien. Am meisten für sich hat die Meinung, dass die kognitiven Schemata, über die wir verfügen, die Tendenz haben, möglichst ökonomisch und damit einfach und dauerhaft strukturiert zu sein. Es ist schlichtweg zu arbeitsaufwendig, uns ständig mit fließenden, prinzipiell unabgeschlossenen Schemata in der Wirklichkeit orientieren zu müssen. Die Verarbeitungsleistungen, die uns abverlangt werden, sind ohnehin schwierig genug; wir wären hoffnungslos überfordert, wenn wir diese Leistungen mit kognitiven Systemen erbringen müssten, die ihrerseits nicht einigermaßen stabil sind. Der Bezugsrahmen, in den wir eine Person durch den ersten Eindruck, den sie auf uns gemacht hat, eingespannt haben, wird also seine ursprüngliche Form behalten, solange es eben geht; wir sind eher bereit, neu einlaufende Informationen über die betreffende Person zu verzerren, nur damit sie in den Bezugsrahmen passen, als diesen Rahmen aufzugeben. Erst ungewöhnlich wichtige Informationen können uns zu einer wirklichen Neuorientierung bewegen.

Es ist bereits angeklungen, dass wir bei der Beurteilung anderer Menschen durch Regeln geleitet sind, die uns u.U. zu Fehleinschätzungen führen. Sozialpsychologen haben nun diese Fehleinschätzungen genauer untersucht und in fünf Gruppen eingeteilt:

1. **Logischer Irrtum.** Wir nehmen an, dass bestimmte Eigenschaften stets gemeinsam auftreten. („Wer lügt, stiehlt auch.“)
2. **Halo- oder Hofeffekt.** Wir neigen dazu, unser Gesamtbild von der Persönlichkeit eines anderen durch einige wenige Charakteristika färben zu lassen. Schätzen wir einen Menschen in sozialer Hinsicht positiv ein, schreiben wir ihm auch überdurchschnittliche intellektuelle Fähigkeiten zu, und umgekehrt. Unser Bestreben geht dahin, einen Menschen entweder konsistent positiv oder konsistent negativ zu sehen.
3. **Mildeeffekt.** Viele Menschen neigen dazu, andere Menschen positiver einzuschätzen, als diese wirklich sind. („Im Zweifel für den Angeklagten.“)
4. **Projektive Ähnlichkeit.** Hierunter ist die Tendenz zu verstehen, anderen diejenigen Eigenschaften zuzuschreiben, die man selber hat bzw. zu haben glaubt.
5. **Stereotypisierung.** Gemeint ist hiermit die Tendenz, an einem anderen Menschen diejenigen Merkmale zu sehen, die die Gruppe oder soziale Schicht, zu der er gehört, angeblich hat.

Die neueste Forschung zur Personenwahrnehmung weist allerdings weniger auf die Fehler hin, die uns bei der Einschätzung von Menschen unterlaufen, sondern wartet mit Ergebnissen zu unserer Treffsicherheit auf: Wir können uns in der Tat weithin auf unseren ersten Eindruck von einem Menschen verlassen; er trügt oft nicht; und insbesondere die Intelligenz unseres Gegenübers vermögen wir gut einzuschätzen.

Neuere Forschungsarbeit gibt es ferner zum Automatismus zwischen Wahrnehmung und Verhalten. Auf unseren ersten Eindruck hin nimmt unser Gehirn eine Bewertung des anderen als „gut" oder „schlecht" vor (eine Nuancierung passt nicht in seine Arbeitsweise, jedenfalls nicht in einem frühen Stadium der Informationsverarbeitung). Deshalb kann es vorkommen, dass wir in einem Erstkontakt schärfer reagieren, als wir es eigentlich wollten und es unserem Ideal von Toleranz entspricht. Der andere Mensch hat in uns eine Reaktion ausgelöst, die wir nicht beherrschen, und auch wenn wir diese Reaktion unterdrücken wollen, zeigen doch Stimme und Gestik, was wir wirklich meinen – was unser Gehirn uns *vorschreibt* zu meinen.

Liebe Leserin, lieber Leser, wir sind mit dieser Professorin für Sozialpsychologie wieder versöhnt, nicht wahr? Sie produziert nicht nur Banales. Was sie ihren Studenten zur Personenwahrnehmung beibringt, ist sehr hilfreich.

Nun können wir einige unserer Torheiten besser verstehen. Wir können sie nicht unbedingt vermeiden, aber wir können uns zumindest erklären, wie es zu ihnen kommt.

Dem *Mildeeffekt* begegnen wir häufig in nicht ausgeglichenen Ehen. Der Mann ist ein Arschloch und beutet die Frau aus. Das geht schon seit vielen Jahren so, und es wird so weitergehen. Die Frau wird von vielen Seiten aus aufgefordert, sich endlich von diesem Mann zu trennen oder ihn durch konsequente Verweigerung der Opferrolle zur Verhaltensänderung zu zwingen. Aber aus dem Kopf der Frau ist der Mildeeffekt nicht herauszubringen, und sie leidet weiter …

Der *Halo- oder Hofeffekt* kann uns zu gnadenlosen Richtern machen und uns um Chancen bringen. – Von Anfang an war unser Urteil über die Schwiegertochter negativ: Unser Sohn, ein aufstrebender junger Ingenieur, ist für sie, eine einfache Kassiererin im Supermarkt, zu schade; aber sie hat ihn bezirzt. Plötzlich in Schwierigkeiten geraten (uns wurde gekündigt; unser Ehepartner ist gestorben oder was auch immer), stellen wir fest, dass die Schwiegertochter sehr viel Einfühlungsvermögen hat. Dass wir lange, gute Gespräche mit ihr führen können. Sie hatte selber eine schwere Kindheit, von daher ist sie sensibel für Menschen in Not. – Wenn nun der Halo- oder Hofeffekt zu stark ist, werden wir diese Seite der Schwiegertochter nicht entdecken. Die junge Frau bleibt festgelegt auf das negative Bild von ihr, das wir in unserem Kopf herumtragen. Wir sind Opfer unserer Richterrolle. Wir schließen von „einfache Kassiererin" auf „psychologisch nicht begabt". Wie könnte diese junge Frau uns schon helfen! In unserer dramatischen Situation! – Menschen sind aber immer für Überraschungen gut. Sie haben Seiten, die wir nicht kennen, die unser Gehirn *nicht erkennen will* – weil es die zu hohe Komplexität der anderen Persönlichkeit scheut. Hohe Komplexität verkompliziert die Berechnungsprozesse des Gehirns, das immer nach dem Ökonomieprinzip arbeiten will: mit möglichst geringem Arbeitsaufwand uns eine optimale Orientierung in der Welt ermöglichen. Das kann aber auch schiefgehen …

Werfen Sie Ihren Anker!

Nachdem in Deutschland die Währungsumstellung von Mark zu Euro stattgefunden hatte, wurde in den Geschäften von vielen Kunden eine Tätigkeit ausgeübt, die ansonsten außer Mode gekommen ist: Kopfrechnen. Man transformierte die Europreise in DM-Preise, nur so konnte man sich orientieren. Nur so wusste man, ob eine Ware teuer oder billig war. Unser Gehirn kann den Wert einer Sache nicht losgelöst von Vergleichsmaßstäben einschätzen. Es braucht – und jetzt kommt ein ganz wichtiger Begriff der kognitiven Psychologie – *Ankerpunkte*. Bei der Währungsumstellung von Mark zu Euro war es leicht, Ankerpunkte zu gewinnen, man nahm den Europreis mal zwei und hatte den DM-Preis. Aber erinnern Sie sich noch, wie Sie in früheren Italien-Urlauben durch die Geschäfte irrten und versuchten, Lira in DM umzurechnen? Die in Lira ausgezeichneten Preise sagten uns absolut nichts über teuer und billig, wir mussten ständig die komplizierte Umrechnung vornehmen, sprich: Ankerpunkte setzen.

Nehmen wir einmal an, wir sind keine Weinkenner. Zu einem runden Geburtstag bekommen wir von einem Freund eine Flasche Rotwein geschenkt. Dieser Freund ist nicht arm, und es ist klar, dass er uns nicht mit einem billigen Geschenk abspeiste. Die Flasche Rotwein ist also auf jeden Fall eine *gute* Flasche Rotwein. Aber wie viel ist sie wert? Wie tief griff der Freund für uns in die Tasche? Den Wert anderer Geschenke, die wir zum Geburtstag erhalten haben, können wir in etwa abschätzen, aber den Wert der Flasche Rotwein nicht. Wollen wir das trotzdem, hilft nur eines: beim nächsten Einkaufsbummel beim Fachhandel vorbeischauen und uns sagen lassen, was eine gute Flasche Rotwein durchschnittlich kostet. – Dieses Vorgehen nennt man in der Psychologie „Gewinnen eines Ankerpunkts". Und Ankerpunkte brauchen wir ständig. Sie werden uns von außen angeboten (trickreich durch die Werbung, wir kommen noch darauf zu sprechen), wir können sie aber auch (und das ist unsere Chance) selber setzen. Selber gesetzte Ankerpunkte bewahren uns vor Torheiten.

Deshalb die Überschrift dieses Abschnitts *Werfen Sie Ihren Anker!* Gemeint ist: Werfen Sie ihn *selber*!

Rotwein, liebe Leserin, lieber Leser kam auch in einem Ankerpunkt-Experiment des Verhaltensökonoms Dan Ariely vor. Neben Schokolade und Computerzubehör. Ariely versteigerte diese Dinge in seinen Seminaren an Studenten. Jeder schrieb sein Angebot auf einen Zettel, und wie in einer Versteigerung üblich, gewann jeweils das höchste Angebot. Vor der Auktion war eine kleine Aufgabe zu erfüllen gewesen. Die Studenten hatten auf einem ihnen ausgcteiltcn Blatt die letzten beiden Ziffern ihrer Sozialversicherungsnummer einzutragen und dahinter ein Dollarzeichen zu schreiben, also eine nach dem Zufallsprinzip festgesetzte Geldsumme zu notieren. Auf dem Blatt folgte dann eine Auflistung der zu versteigernden Dinge, versehen mit der Frage: „Wären Sie bereit, die genannte Summe für dieses Produkt zu bezahlen?" Ein Student mit der Endziffer 03 hätte also z.B. für eine Flasche Rotwein 3 Dollar zu bezahlen gehabt, einer mit der Endziffer 91 91 Dollar. Man kann sich vorstellen, dass der erste Student die Frage auf dem Blatt mit Ja beantwortete, der zweite mit Nein.

Bis hierher lieferte das Experiment noch keine aufregenden Ergebnisse.

Aber nun kam es zur Auktion. Hier zeigte sich, dass die Studenten mit einer niedrigen Endziffer im Durchschnitt 8,64 Dollar für eine Flasche Rotwein boten, diejenigen mit einer hohen Endziffer jedoch 27,91 Dollar. Das Gehirn hatte die willkürliche Setzung eines Preises im Vorexperiment als Ankerpunkt genommen! Es sucht, liebe Leserin, lieber Leser, in einer unklaren Situation geradezu verzweifelt nach einer Orientierungsmarke und nimmt alles, was es kriegen kann. Zur Not etwas völlig Unsinniges. Solch törichte Operationen laufen in uns ab, und wir haben keinen Einfluss auf sie.

Ein weiteres Experiment beweist ebenfalls diese törichte Funktionsweise des Gehirns. Die Psychologen Clayton R. Critcher und Thomas Gilovich zeigten, dass bereits der Name eines Restaurants bestimmen kann, wie viel Geld wir dort lassen werden. Im „Studio 97" waren die Gäste bereit, durchschnittlich acht Dollar mehr auszugeben als im „Studio 17".

Unser Gehirn ist also für Manipulationen seitens der Werbeindustrie sehr empfänglich. Wenn man uns manipulierte Ankerpunkte anbietet, fallen wir prompt auf sie herein. Neben dem offiziellen Preis für eine Ware steht z.B. ein durchgestrichener alter, höherer Preis. Wir fragen nicht lange und greifen zu. Der Ankerpunkt ist für uns der durchgestrichene Preis, und von ihm hebt sich der neue Preis erfreulich ab. Mit ganz einfachen Tricks arbeitet man also in der Werbung, und sie funktionieren. Außerdem ist ganz sicher, dass wir dieselben Fehler immer wieder machen werden. Unser Verhalten ist für die professionellen Werbeleute leicht vorhersagbar.

In geradezu unverschämter Weise setzte in den Jahren 2007 und 2008 die Firma Apple den Ankereffekt ein. Im November 2007 kam in Deutschland das iPhone zum Preis von 399 Euro auf den Markt. Schon im Juli 2008 brachte

Apple das deutlich verbesserte Nachfolgemodell heraus und verlangte nur noch 199 Euro. Die Folge war ein Run auf dieses Gerät, denn man meinte, ein Schnäppchen zu machen. Das iPhone gab es jetzt zum halben Preis, und dazu noch verbessert! Es dauerte nur drei Tage, und eine Million Geräte waren verkauft. Nach vier Wochen gab Apple bekannt, die höchsten Umsatzzahlen in der Unternehmensgeschichte erzielt zu haben.

Beim Ankereffekt gibt es jedoch die Möglichkeit zur Gegenwehr: Wir können *selber* Ankerpunkte setzen, und das Gehirn wird sie akzeptieren. Wir befolgen diese Regel bereits im Alltag, wenn wir vor Kaufentscheidungen die Angebote der Konkurrenz studieren. Dann gehen wir mit festen Preisvorstellungen ins Möbelhaus A, und eine unserer ersten Bemerkungen dem Verkäufer gegenüber wird sein, dass im Möbelhaus B ein entsprechendes Sofa billiger zu haben sei.

Jetzt hat der Verkäufer das Nachsehen. Wir haben den Ankereffekt gegen ihn gewandt.

Auch dann, wenn ein Geschäft die Preise erhöht, werden wir vielleicht meutern. In unserem Gedächtnis sind noch die alten Preise, und wir versuchen herunterzuhandeln. Wir werden unbequeme Käufer – dank des Ankereffekts.

Der Ankereffekt gehört zu den sog. Heuristiken. Diesen Begriff aus der kognitiven Psychologie müssen wir uns genauer ansehen.

Heuristiken

Bei Problemlösungen und bei Schlussfolgerungen verfügt das Gehirn oft nicht über alle Informationen, die es eigentlich brauchte, um zu optimalen Ergebnissen zu gelangen. Außerdem will es zeitsparend und ökonomisch vorgehen, es muss Rücksicht auf seine begrenzten Speicher- und Verarbeitungskapazitäten nehmen. Deshalb rechnet es oftmals Lösungen nicht bis in die verzweigtesten Einzelheiten hinein durch, sondern begnügt sich mit verkürzten kognitiven Operationen, gleichsam mit Daumenregeln. Genau diese Daumenregeln nennt man Heuristiken. Sie nehmen uns Denkarbeit ab. Sie führen ressourcensparend und schnell zum Ziel und besitzen für die meisten Lebensumstände eine hinreichende Güte. Aber in komplexen Situationen versagen sie, und wir werden Opfer voreiliger und verzerrter Schlussfolgerungen. Auch in Situationen mit großer Tragweite kann so etwas geschehen; das sog. menschliche Versagen (z.B. ein Pilotenfehler bei einem Flugzeugabsturz) ist meist auf diese Weise zu erklären.

Die Ankerheuristik haben wir bereits behandelt. Was gibt es sonst noch an Heuristiken? Z.B. die Verlustaversion. Ihr wenden wir uns im nächsten Abschnitt zu.

Wenn wir doch loslassen könnten ...

Ganz allgemein wissen wir, das Festhalten zum Problem werden kann. Wir klammern uns an etwas, was uns schon lange nicht mehr gehört (z.B. beim Älterwerden), und wir kämpfen darum, obwohl die Zeit des sinnvollen Kämpfens längst abgelaufen ist. Meisterhaft hat Hermann Hesse im Gedicht Stufen die richtige Haltung beschrieben:

Wie jede Blüte welkt und jede Jugend
Dem Alter weicht, blüht jede Lebensstufe,
Blüht jede Weisheit auch und jede Tugend
Zu ihrer Zeit und darf nicht ewig dauern.
Es muss das Herz bei jedem Lebensrufe
Bereit zum Abschied sein und Neubeginne,
Um sich in Tapferkeit und ohne Trauern
In andre, neue Bindungen zu geben.
Und jedem Anfang wohnt ein Zauber inne,
Der uns beschützt und der uns hilft, zu leben.

Auch die empirische Psychologie hat zum Thema Loslassen ihren Beitrag geleistet. Er ist, anders als Hesses Philosophie, prosaisch und nüchtern, aber ganz nah an der Lebenspraxis. Gezeigt wird, dass wir auf Verluste ausgesprochen empfindlich reagieren, sie mit aller Macht vermeiden wollen, dabei zu törichten Handlungen fähig sind und insgesamt mehr Energie in die Vermeidung von Verlusten stecken als in die Erzielung von Gewinnen.

Das ist starker Tobak, nicht wahr? Schauen wir uns die Sache im Einzelnen an.

Bis 1979 ging man in den Wirtschaftswissenschaften wie selbstverständlich davon aus, dass der Mensch ein rational handelndes Wesen ist, ein Homo oeconomicus. Er möchte in geschäftlichen Angelegenheiten (z.B. bei Spekulationen an der Börse) einen maximalen Gewinn erzielen, möchte außerdem Kosten minimieren, und um diese Ziele zu erreichen, kalkuliert er stets ganz genau sein Vorgehen. Was er tut, ist logisch nachvollziehbar. Ist auch vorhersagbar (wenn man alle Variablen kennt).

Die Theorie, die das Verhalten des Homo oeconomicus beschrieb, hieß Erwartungsnutzentheorie.

Nun zeigt aber ein Blick auf die Börse, dass es hier keineswegs immer logisch zugeht. Gewisse Wertpapiere werden zu lange gehalten, andere zu früh abgestoßen, Trends spielen eine Rolle, kollektive Ängste usw. Der Mensch ist eben *kein* Homo oeconomicus. Er handelt nicht nur rational, sondern auch den Gesetzmäßigkeiten seines Gehirns entsprechend, und die treiben ihn oft genug dazu (wir wissen es bereits), *Torheiten* zu begehen. Auch dann, wenn es um viel

Geld geht. Die kognitiven Verzerrungen, deren Opfer wir werden, machen vor dem Gebiet der Finanzen nicht Halt.

Um die Erwartungsnutzentheorie zu korrigieren, stellten Daniel Kahneman und Amos Tversky im Jahre 1979 die Prospect Theory auf, im Deutschen auch Neue Erwartungstheorie genannt. Kahneman erhielt für sie im Jahre 2002 den Nobelpreis für Wirtschaftswissenschaften (Tversky war zu diesem Zeitpunkt bereits verstorben). Die Prospect Theory ist empirisch fundiert, sie basiert also auf Experimenten. Eines von ihnen ging so:

Kahneman verteilte zu Beginn einer Studie, in der gewisse Aufgaben zu erledigen waren, an die Hälfte der Teilnehmer besondere Kaffeebecher als Belohnung. (Auf die Aufgaben kam es gar nicht an, sondern nur auf die Kaffeebecher und was mit ihnen geschehen würde; doch das wussten die Teilnehmer nicht.)

Als die Aufgaben erledigt waren, bot Kahneman den Teilnehmern an, ihre Kaffeebecher zu behalten oder aber zu Geld zu machen. Derjenigen Hälfte der Teilnehmer, die keine Kaffeebecher erhalten hatten, war Geld gegeben worden, und sie konnten damit jetzt einen Becher kaufen. – Es zeigte sich ein signifikanter Unterschied zwischen beiden Gruppen. Diejenigen Teilnehmer, die sich im Besitz der Becher befanden, waren erst bei einem Gebot von sieben Dollar bereit, sich von ihnen wieder zu trennen. Diejenigen Teilnehmer jedoch, die die Becher noch nicht besaßen, waren lediglich bereit, drei Dollar für sie auszugeben. Dieselben Kaffeebecher waren also für die Menschen, die sie bereits besaßen, sieben Dollar wert, für diejenigen jedoch, die sie erwerben konnten, nur drei Dollar.

Man hat zu diesem originellen Versuch viele ähnliche Nachfolgeversuche gemacht, und immer war das Ergebnis dasselbe. Wenn wir einmal etwas besitzen, wollen wir es nicht wieder hergeben, sein Wert ist für uns gestiegen. „Endowment effect“ (Besitztumseffekt) nannten die Psychologen dieses Phänomen. Es erinnert an das Verhalten eines Leoparden: Was ein Leopard einmal zwischen den Zähnen hat, lässt er nicht wieder los. Ein Löwe gibt einem Dompteur auf gutes Zureden hin und wenn ihm etwas anderes angeboten wird, ein Fleischstück u.U. wieder zurück, aber ein Leopard niemals.

Ganz tief ins uns steckt also eine Verlustaversion. Steckt die Leopardennatur. Was wir haben, haben wir. Und wir sichern es ab. Auch wenn die Kosten des Absicherns viel zu hoch sind. So erklärt sich, dass häufig (wie man in der Wirtschaft sagt) „gutes Geld schlechtem nachgeworfen wird“.

In der Hirnforschung hat man vor einiger Zeit nachgewiesen (Gehring und Willoughby im Jahre 2002), dass die Hirnreaktionen bei Verlusterfahrungen kräftiger ausfallen als bei Gewinnerfahrungen. Der Verlust z.B. einer Geldsumme löst also eine stärkere emotionale Reaktion aus als der Gewinn einer gleich hohen Summe. Demnach gilt für uns: Festhalten um (fast) jeden Preis! Das ist eine Gehirnreaktion, und man kommt durch philosophische Überlegungen und schöne Gedichte (H. Hesse) kaum dagegen an.

Viel Aufwand betreiben wir auch mit Verlustreparationen. Wir wollen Verlorenes wiederkriegen. Stunden und Tage verbringen wir damit, über Verluste zu grübeln, obwohl uns das überhaupt nichts bringt und wir nur Zeit verschwenden. Anstatt unsere Kraft in die Erzielung neuer Gewinne zu stecken, wollen wir lieber alte Verluste ausgleichen.

An dieser Stelle kann man folgenden Schottenwitz erzählen: Ein Junge hat einen Penny verloren und weint darüber sehr. Ein Mann hat Mitleid und schenkt dem Jungen einen Penny. Dieser weint aber jetzt umso mehr. Auf die Frage warum, antwortet er: „Wenn ich meinen Penny nicht verloren hätte, hätte ich jetzt zwei!" – Der Witz drückt eine psychologische Gesetzmäßigkeit aus. Versuche zeigen, dass wir in der Tat, um den Verlust von 100 Euro emotional aufgewogen zu bekommen, 200 Euro erhalten müssten.

Das alles ist ziemlich unlogisch, nicht wahr?

Aber so funktionieren wir nun einmal.

Das Gehirn, das an sich ein Wunderwerk ist, über dessen Fähigkeiten wir nur staunen können, hat seine Grenzen.

Es kann uns auch als Toren dastehen lassen. Jener Schottenwitz ist dann plötzlich kein Witz mehr, sondern beschreibt ganz genau unser Verhalten.

(Zwischenbemerkung: Es kann durchaus sein, dass das, was die Prospect Theory zutage gefördert hat, auf Sie persönlich nicht zutrifft und Sie von Natur aus ein Mensch sind, der ziemlich gut loslassen kann. Umso besser. Psychologische Gesetzmäßigkeiten weisen nicht dieselbe Exaktheit auf wie naturwissenschaftliche Gesetzmäßigkeiten. Sie treffen – so hat man geschätzt – nur in 80% der Fälle zu. Oder aber: Sie treffen beim einzelnen Individuum das eine Mal zu, das andere Mal nicht. Wir sind keine Maschinen. Wir sind lebendige Organismen, die auf viele Variablen reagieren. Auf Randbedingungen, die unscheinbar sind, experimentell nicht fassbar, und doch große Wirkung haben.)

Die Prospect Theory: Weitere Einzelheiten

Der Kern der Prospect Theory ist die Verlustaversion. Aber es gibt noch weitere Erkenntnisse. Wollen Sie die auch erfahren?

Vermessenheitsverzerrung (over-confidentiality bias). Bitte beachten Sie, liebe Leserin, lieber Leser, dass wir uns hier auf dem Feld der empirischen Psychologie bewegen, nicht auf dem Feld der Ethik. Wenn der Psychologe „Vermessenheit" sagt, erhebt er nicht den moralischen Zeigefinger und klagt Sie an, sondern er konstatiert lediglich. Er beschreibt, wie wir funktionieren. Und kommt zu dem Ergebnis (durch ähnlich einfallsreiche Experimente wie die bisher dargestellten), dass wir unsere eigenen Fähigkeiten und Einflussmöglichkeiten systematisch überschätzen; die Fähigkeiten von anderen Menschen (Konkurrenten) unterschätzen wir dagegen. Genau aus diesem

Grunde stehen wir in der Berufswelt oft verständnislos vor den Entscheidungen aus der Chefetage: Nicht wir haben den höher dotierten Posten bekommen, sondern jemand anderes. In der Chefetage wird nämlich die Beurteilung unserer Person realistisch wahrgenommen. Ich selber habe, was Universitätskarrieren angeht, immer wieder beobachtet, welch ungeheure Rolle die Vermessenheitsverzerrung auch bei hochintelligenten Leuten spielt. Dass in einem Berufungsverfahren ein anderer die Professur bekommen hat und nicht man selber, leuchtet nicht ein. Von der anderen Seite aus, von der Seite der Berufungskommission her, der immerhin 40 Bewerbungen vorlagen, vermag man nicht zu denken. Es wird über die Negativentscheidung gejammert, und immer wieder werden die eigenen Qualifikationen angeführt. So, als ob die 39 Mitbewerber und vor allem der siegreiche Kandidat nichts zu bieten gehabt hätten! – Die richtige Therapie gegen Vermessenheitsverzerrungen ist die Realität, der müssen wir uns stellen.

Status-quo-Verzerrung (status quo bias). Menschen sind im Allgemeinen veränderungsunwillig. Spinoza schreibt in seiner Ethik (3.Teil, Lehrsatz 7), das wirkliche Wesen der Dinge sei das Streben, wodurch jedes Ding in seinem Sein zu verharren sucht. Er folgert dann (Lehrsatz 9): „Mag die Seele klare und bestimmte oder verworrene Vorstellungen haben, so strebt sie in ihrem Sein auf unbestimmte Dauer zu verharren und ist sich dieses Strebens bewusst." – Exakter kann man unsere Verharrungstendenz nicht beschreiben. Sie wird auch bei „verworrenen Vorstellungen" durchgehalten. Die Psychologen, die mit der Prospect Theory arbeiten, scheuen sich nicht, hier einen umgangssprachlichen Begriff in ihre Terminologie aufzunehmen: Sturheit. Experimente zeigen deutlich, dass Menschen größere Risiken eingehen, den Status quo zu erhalten, als die Situation zu ändern. So erklärt sich auch, dass wir uns schlechte Gewohnheiten kaum abgewöhnen können. In allen Religionen kämpft man darum, Menschen zu erneuern. Aber gelingt das? Kaum wendet der Prediger seinen Schäfchen den Rücken zu, leben die schon wieder in den alten Bahnen. – Wer Menschen verändern will, wer sie aus ihrem Status quo herausholen will, hat einen schweren Stand. Und die Argumente, die er sich anhören muss, sind durchaus von Gewicht: „Lass mich doch so, wie ich bin! Respektiere mich! Warum soll ich so werden, wie du es möchtest?" – Und doch, Veränderung wäre oft zu unserem Vorteil. Wenn schon nicht die Veränderung unserer Persönlichkeit, so doch die Veränderung unserer Lebensumstände. Aber wir verweigern uns. Die Krankenkasse wechseln oder die Autoversicherung, weil woanders die Prämien vielleicht niedriger sind? Wir winken ab: zu viel Aufwand, da müssten wir uns ja hinsetzen und alles durchrechnen und vergleichen. Dann auch noch die Anträge ausfüllen, die Briefe schreiben … (Moment mal, zu viel Aufwand? Die Sache wäre in einer Stunde erledigt. Und wir würden pro Jahr möglicherweise Hunderte von Euros sparen.) Oder wir bleiben in der zu kleinen Wohnung hocken, weil wir den Umzug scheuen usw. – In klassischer Weise hat Shakespeare seinen Hamlet die menschliche

Veränderungsunwilligkeit zum Ausdruck bringen lassen (3.Aufzug, 1.Auftritt): „Dass wir die Übel, die wir haben, lieber / Ertragen als zu unbekannten fliehn."

Priming und Nähe-Verzerrung. Wir gehen mit einem bestimmten Fundus an Wissen und Erfahrungen durch das Leben. Bei den Entscheidungen, die wir zu treffen haben, greifen wir auf diesen Fundus zurück. Dieser Vorgang, der an sich ganz normal ist, wird Priming genannt. Aber unser Fundus kann uns beim Problemlösen auch von neuen, originellen Ansätzen abhalten und uns immer wieder in die alten Bahnen zwingen. Das, was uns *nahe* liegt und was sich bewährt hat, bekommt immer wieder den Vorzug. Unsere Wahrnehmung ist verzerrt in Richtung der schon gemachten Erfahrungen. Weiter entfernt liegende Lösungen werden ignoriert.

Noch einmal: Heuristiken

Ich hatte damit begonnen, Ihnen Heuristiken vorzustellen, war auf die Verlustaversionsheuristik zu sprechen gekommen und in diesem Zusammenhang auf die Prospect Theory, bei der ich mich lange aufgehalten habe. Nun möchte ich Ihnen weitere Heuristiken nennen.

Verfügbarkeitsheuristik. Wir gehen bei Schlussfolgerungen von den Informationen und Daten, auch Bildern und Vorstellungen aus, die in unserem Gedächtnis verfügbar sind. Eigentlich ist das eine banale Feststellung, denn wie sollte es anders sein? Und doch *könnte* es anders sein, denn wir könnten uns vor einer Schlussfolgerung kundig machen, d.h. neue, bisher unbekannte Informationen suchen. Aber das tun wir normalerweise nicht (haben auch nicht die Zeit dafür), und so kommt es zu kognitiven Verzerrungen. Wir fürchten uns vielleicht bei einem Weihnachtsmarktbesuch vor einem Terroranschlag (weil wir wissen, dass vor einigen Jahren ein Anschlag auf den Straßburger Weihnachtsmarkt geplant gewesen war). Die statistische Wahrscheinlichkeit, dass wir tatsächlich Opfer eines Anschlags werden, ist praktisch null, unserer Schlussfolgerung ist lächerlich. Aber sie wird gemacht und vergällt uns vielleicht die Freude auf dem Weihnachtsmarkt.

Framing und Reframing. Falsche Schlussfolgerungen und Urteilsbildungen können auch auf soziale Einflussgrößen zurückgehen. Unsere gesellschaftliche und kulturelle Umwelt stellt uns Erlebnis- und Verhaltensmuster bereit, die man frames (Rahmen) nennt. Diese Rahmen versuchen wir auszufüllen. Einer dieser Rahmen heißt z.B. „romantische Liebe", und wir bemühen uns, ein Bild zu malen, das in diesen Rahmen passt. Aus Filmen und Romanen ist uns romantische Liebe gut bekannt, aber im wirklichen Leben will sie sich nicht so recht einstellen. Nichtsdestoweniger kämpfen wir darum, unsere Wirklichkeit mit dem Mythos in Übereinstimmung zu bringen. Unsere Schlussfolgerungen und Urteilsbildungen kommen über den Rahmen, den wir einmal akzeptiert haben, nicht mehr hinaus, und das heißt konkret, dass wir von unserem Partner ein verzerrtes und illusionistisches Bild entwerfen – nur damit „romantische Liebe“ möglich wird. – Das Gegenstück zur romantischen Liebe ist die „authentische Scheidung“, nämlich eine Scheidung, durch die ich wieder „authentisch“ werde. Durch die ich zu mir „zurückfinde“. Das ist jetzt Reframing, das Setzen eines neuen Rahmens. Und wieder sind die Erfahrungen, auf die ich zugehe, gesellschaftlich vorgeprägt. Es gibt für das, was jetzt mit mir zu passieren hat und was ich erleben werde, geradezu einen „Fahrplan“, aufgeschrieben oder besser *vor*geschrieben in vielen Ratgeber-Büchern. So manche unnütze Scheidung kommt auf diese Weise zustande. Man steckt sich gewissermaßen bei der Freundin an. Die lässt sich scheiden, und man gerät ins Nachdenken. Könnte das nicht auch *mein* Weg sein? Nun läuft ein Automatismus ab. Eine Ehe, die an sich weiterbestehen könnte, wird zerbrechen. Aber ich werde dabei „authentisch“ werden, dieses Ziel irrlichtert vor mir her. Gewiss, es ist nicht einfach, dieses Ziel zu erreichen. Ich muss durch einen Tunnel hindurch. Die Auseinandersetzungen mit dem Noch-Ehepartner, der Kampf ums Geld, um die Kinder, die emotionalen Kränkungen usw. Aber irgendwann wird der Partner einsehen, dass in der Scheidung auch für ihn eine Chance liegt. Er kann jetzt andere Seiten seiner Persönlichkeit entwickeln. Später geht man dann sogar wieder aufeinander zu und kann einander in Freundschaft begegnen ... Liebe Leserin, lieber Leser, in diesem ganzen Prozess sind unsere kognitiven Funktionen nicht mehr frei, sondern sie sind festgelegt in eine bestimmte Richtung. Der „Rahmen“ gibt sie vor. Wir haben keine gesunde Urteilskraft mehr. Wir können Alternativen nicht mehr durchdenken. Der Rahmen stringiert uns, aber wir sehen das nicht so; wir meinen, wir seien dabei, uns selber zu finden. Schließlich stehen wir vor einem Scherbenhaufen; wir kämpfen mit einer Depression; die neue Freundschaft mit dem Ex-Partner ist bisher nicht zustande gekommen und wird auch nicht zustande kommen. Was jedoch auf keinen Fall infrage gestellt wird, ist unser eigenes Vorgehen in der Angelegenheit. Wir haben in Übereinstimmung mit uns selber gehandelt. Ja, haben wir! Aber unsere kognitive Funktionsweise war von vornherein genormt und fremdbestimmt. Und unsere Schlussfolgerungen und Urteilsbildungen kamen über den einmal akzeptierten Rahmen nicht mehr hinaus – um *diesen Rahmen selber* zu beurteilen.

Repräsentativitätsheuristik. Wir verfügen in einer Angelegenheit nur über eine einzige Information, halten sie aber für repräsentativ in allen vergleichbaren Fällen. Diese Art zu schlussfolgern muss so schlecht nicht sein. Wir haben vielleicht unter lebhafter Anteilnahme die Berichterstattung über die Havarie des Kreuzfahrtschiffes Costa Concordia (13.1.2012) mitverfolgt. Ab jetzt wissen wir: Kreuzfahrtschiffe mit ihren hohen Aufbauten kentern leicht. Und die Evakuierung der Passagiere ist kompliziert. Möglicherweise besteigen wir nie mehr ein Kreuzfahrtschiff. – So weit, so gut. Aber wir können auf diese Weise auch zu Fehlurteilen gelangen. Die Vorurteilsforschung zeigt, dass Vorurteile bereits auf der Basis von extrem schmalen Erfahrungen zustande kommen. Ein einziger italienischer Nachbar, der sich nicht benimmt, genügt, und wir wissen (für immer), dass Italiener lärmen und die Nacht zum Tage machen.

Simulationsheuristik. Im letzten Absatz ging es um den Fall, dass in einer Angelegenheit nur *eine* Information zur Verfügung steht. Es kann aber auch sein, dass es *überhaupt keine* Information gibt. Was tut das Gehirn dann? Es simuliert. Es erfindet gemäß seiner Vorstellungskraft irgendwelche Szenarien. Angeführt wird in diesem Zusammenhang immer wieder das Aussehen außerirdischer Lebewesen. Glaubt man an solche und stellt sie sich vor, sind sie automatisch menschenähnlich. Von Bekanntem wird auf Unbekanntes geschlossen.

Kapitel 5: Das Lob der Torheit

Wie der Humanist Erasmus Weisheit zu Torheit und Torheit zu Weisheit macht

„Die Torheit spricht: Was auch immer der große Haufen von mir sagt – ich weiß sehr gut, in welch schlechtem Ruf die Torheit sogar bei den ärgsten Dummköpfen steht -, ich behaupte dennoch, aus eigener Macht Götter und Menschen erheitern zu können." – Oh ja, die Schrift des Erasmus von Rotterdam „Das Lob der Torheit", deren ersten Satz ich hier zitiert habe, hat mich erheitert. Aber auch ins Nachdenken gebracht …

Erasmus (1466 oder 1469 – 1536) hat dieses Buch während eines Englandaufenthalts innerhalb einer Woche geschrieben, und zwar ohne andere Bücher oder Hilfsmittel. Das Buch hat in meiner Ausgabe 123 Seiten. In einer Woche geschrieben! Unglaublich. Und es ist voll von Verweisen auf die antike Literatur, Erasmus hatte alles im Kopf, er war einer der größten Gelehrten seiner Zeit. Und er war ein Weiser, ein wahrer Menschenkenner und Menschenfreund. Von ihm stammt die erste europäische Antikriegsschrift: „Süß scheint der Krieg den Unerfahrenen". Dieser Erasmus nun macht sich über die Weisheit lustig. Indem er die Torheit zur Weisheit erklärt und sie eine lange Rede halten lässt; denn nichts anderes ist „Das Lob der Torheit" als ein langes Eigenlob Letzterer. Dabei werden in literarisch genialer Weise alle Grenzen verwischt, und man weiß schließlich nicht mehr, was nun Weisheit ist und was Torheit. Und ob man weise werden soll oder töricht. Die Torheit preist die Torheit, dadurch wird Ja zu Nein und Nein zu Ja: „Ihr applaudiert: Ich wusste wohl, dass keiner von euch so klug sei, oder besser: so töricht, nein doch: so klug, dass er diese Meinung teilt." Alles klar?

Das Resultat meiner Lektüre des Buches (vor vielen Jahren) war, dass mein Glaube an die Weisheit zerstört wurde. Aber vielleicht schärft das ja den Blick für die menschliche Realität. Jedenfalls möchte ich ein Kapitel schreiben, wo ich in den Spuren des Erasmus angebliche „Weisheit" entlarve. Ich beginne mit Martin Buber (1878-1965).

Der hebräische Weise

Zunächst einmal: Ich verehre Martin Buber. Immer noch. Ich habe während meines Studiums seine Bücher geradezu verschlungen, „Ich und Du" habe ich mindestens siebenmal gelesen. Dann kam irgendwann die Ernüchterung (durch Lektüre der Sekundärliteratur). Und trotzdem, wie gesagt: Ich verehre Buber immer noch.

Aber der Reihe nach. Falls auch Sie Martin Buber kennen, dann am ehesten als Erzähler der chassidischen Geschichten. Der Chassidismus war eine Erneuerungsbewegung des osteuropäischen Judentums (das dann von Hitler ausgerottet wurde). Buber sammelte das alte Erzählgut der Chassidim und bewahrte es so vor dem Vergessen. Wollen Sie eine dieser tiefsinnigen Geschichten lesen?

Der Baalschem [Gründer des Chassidismus] blieb einst an der Schwelle eines Bethauses stehen und weigerte sich, es zu betreten. „Ich kann nicht hinein", sagte er, „es ist ja von Wand zu Wand und vom Boden zur Decke übervoll der Lehre und des Gebets, wo wäre da noch Raum für mich?" Und als er merkte, dass die Umstehenden ihn anstarrten, ohne ihn zu verstehen, fügte er hinzu: „Die Worte, die über die Lippen der Lehrer und Beter gehen, kommen nicht aus einem auf den Himmel ausgerichteten Herzen, steigen nicht zur Höhe auf, sondern füllen das Haus von Wand zu Wand und vom Boden zur Decke."

Martin Buber ist auch bekannt wegen seiner dialogischen Philosophie, in der er das unmittelbare Verhältnis des Menschen zum anderen Menschen untersucht. Dabei macht er Aussagen wie diese: „Ich werde am Du; Ich werdend spreche ich Du. Alles wirkliche Leben ist Begegnung." Das war ein Zitat aus dem Buch „Ich und Du", ein weiteres soll folgen; in ihm stellt Buber das *Eigenwesen*, dem es nur um sich selber zu tun ist, der *Person* gegenüber: „Die Person sagt: ‚Ich bin', das Eigenwesen: ‚So bin ich'. ‚Erkenne dich selbst' bedeutet der Person: erkenne dich als Sein, dem Eigenwesen: erkenne dein Sosein. Indem das Eigenwesen sich gegen andre absetzt, entfernt es sich vom Sein. Damit soll nicht gesagt sein, dass die Person ihr Sondersein, ihr Anderssein irgend ‚aufgäbe'; es ist ihr an ihr nur nicht Blickpunkt, nur eben da, nur eben die notwendige und sinnvolle Fassung des Seins. Das Eigenwesen dagegen schlemmt an seinem Sondersein; vielmehr zumeist an der Fiktion seines Sonderseins, die es sich zurechtgemacht hat."

Schon früh galt Buber als der „hebräische Weise". Menschen kamen zu ihm und suchten seinen Rat. Wenn Sie sich im Lexikon oder im Internet ein Photo von Buber ansehen, haben Sie ein würdiges, nachdenkliches Gesicht mit Rauschebart vor sich.

Der Bart.

Er spielt eine wichtige Rolle.

Ein Bart zeigt offenbar „Weisheit“ an; das machen sich Verlage zunutze, wenn sie auf dem Cover eines Ratgeberbuches den Autor als Bartträger darstellen. Lektüre des Erasmus würde den Verlegern ihre Unbefangenheit nehmen, der schreibt nämlich, Philosophen erschienen „ehrwürdig durch Bart und Gewand. Sie wollen allein weise sein. In welch süßem Wahn sind sie …“

Also: Auf einem Buchcover nachdenkliches Gesicht, Vollbart, das wirkt. Das erhöht die Auflagezahlen. In diesem Buch wird Weisheit geboten! Bartwuchs zum Imageaufbau, so muss das nennen, und es war auch bei Martin Buber so, leider. Mehr noch: In seinem ganzen Habitus stilisierte er sich zu jenem „hebräischen Weisen“, er formte aus seiner Person ein Kunstwerk. Diesem Ziel war alles untergeordnet, ihm hatte auch seine Frau zu dienen, und sie tat es. Paula Buber war in der Ehe die stärkere Persönlichkeit, sie schrieb unter dem Pseudonym Georg Munk Romane, aber sie stellte ihr Talent hintan, um ganz für Martin da zu sein. Sie nahm ihm im Haushalt alle Arbeit ab. Martin Buber hat wohl nie Kartoffeln gekocht oder einen Besen in die Hand genommen. Er wuchs auf dem Landgut seines Großvaters auf, umgeben von Bediensteten, und auch später war stets ein Diener in seiner Nähe (das hörte erst auf, als er in seinem sechzigsten Lebensjahr nach Palästina auswanderte). 32 Jahre lang lebte er in Heppenheim, und dort berichteten die Haushaltsgehilfen hinterher von kühler Distanz, die Buber zu ihnen gewahrt hatte. Distanz zu Menschen als Ich-Du-Philosoph! Alles wirkliche Leben ist Begegnung, oder habe ich aus „Ich und Du“ falsch zitiert? Nein, habe ich nicht. Aber Buber selbst hat während seines langen Lebens kaum ein Dutzend Menschen mit Du angeredet. Auch seine Kinder hatten nicht viel von ihm. Die Erziehungsarbeit besorgte Paula, und er selber wandte sich seinen Kindern (so erinnern sie sich) nur einmal pro Woche zu (um mit ihnen zu spielen oder ihnen Geschichten vorzulesen). Außerdem war er eitel, von Jugend an. Er liebte es, sich fotografieren zu lassen. Seine Kleidung war stets untadelig. Nach seiner Emeritierung im Jahre 1951 (er hatte an der Hebräischen Universität in Jerusalem gelehrt) reiste er mit sichtlichem Behagen in der Welt umher, um Preise und Ehrentitel einzuheimsen.

Martin Bubers Philosophie machte ihn selber ganz offensichtlich nicht zu einem weisen Menschen. Wenn man seine „Autobiographischen Fragmente“ liest, bekommt man den Eindruck: Ja, er war es, er war ein Weiser. Aber wenn man die Menschen befragt, die mit ihm zu tun hatten, ändert sich der Eindruck sehr rasch. – Wenn nun Martin Buber kein Weiser war, liebe Leserin, lieber Leser, *wer war oder ist es dann?* Ich werde hier nicht den Versuch unternehmen, weitere „Weise“ der Weltgeschichte auseinanderzunehmen, ein Enttarnter mag reichen. Aber ich glaube, sie ließen sich alle enttarnen. Ich habe anfangs des Kapitels Erasmus einen Weisen genannt, das war schon falsch, er ist ja gerade der Kronzeuge für die Gleichung Weisheit = Torheit. Wollen Sie ihn noch einmal im Originalton haben? Wollen Sie wissen, wie *er* den Weisen sieht? Und wie er Weisheit und Torheit vermischt? Passen Sie auf: „Man hole sich einen weisen Mann zu einem Gelage: Entweder ist er in brütendes Schweigen versunken, oder er stört mit aufdringlichem Problematisieren. Bittet man ihn zum Tanz, möchte man glauben, ein Kamel schwinge das Tanzbein. Bei öffentlichen Vorführungen bringt er das Volk durch seine Miene um das Vergnügen. Weder sich selbst noch seinem Vaterlande noch seinen Verwandten bringt er jemals den geringsten Nutzen, weil er keine Lebenserfahrung hat ... Wer möchte nicht viel lieber einen Menschen mitten aus dem dümmsten Haufen, der in seiner Torheit den Toren befehlen oder gehorchen kann, seinesgleichen fast ausnahmslos gefällt, galant ist gegenüber seiner Frau, bei Freunden beliebt, ein angenehmer Gesellschafter, umgänglich als Hausfreund und schließlich duldsam gegen alle menschlichen Schwächen?" – O Erasmus, wer will da noch weise werden! Im „dümmsten Haufen" lebt sich's besser. Wenn sich vor dir, Erasmus, ein Weiser aufbaut, kratzt du ein bisschen, und der Lack ist weg.

Im „Lob der Torheit" kriegen alle ihr Fett ab, Ärzte, Juristen, Theologen, *alle*. Besonders die Theologen. Dabei war Erasmus selber einer. Er war ein Mann der Kirche, er blieb in den Auseinandersetzungen der Reformation der katholischen Kirche treu, er wollte, dass sie ihren Auftrag in der Welt gut und richtig erfüllt. Gerade deshalb mussten die Theologen so viel Schelte kriegen. Obwohl ihnen eigentlich völlige Missachtung gebührte: „Die Theologen sollte man mit Schweigen übergehen und diesem Kräutchen Rührmichnichtan aus dem Wege bleiben. Dieses hochmütige und reizbare Geschlecht möchte mir leicht geschlossen mit sechshundert Schlussfolgerungen auf den Leib rücken und den Widerspruch erzwingen."

Aber Erasmus leistete den Widerspruch nicht, er ließ sich von seinem Kurs nicht abbringen.

Glücklicherweise nicht.

Lebensziel „Weisheit"?

Und nun wir selber. Geben wir die Hoffnung auf, „weise" werden zu können. Es wird nicht gelingen. Lassen Sie es mich krass ausdrücken, liebe Leserin, lieber Leser: Schmeißen Sie Ihren Wunsch nach Weisheit (falls Sie ihn haben) in die Mülltonne, kloppen Sie ihn da hinein, nirgendwo anders gehört er hin. Begnügen Sie sich damit, ein Tor zu sein, der hin und wieder einen lichten Moment hat. Diese lichten Momente dürfen allerdings mehr werden. Darum sollte man sich bemühen. Und hier sind tatsächlich Fortschritte möglich. Aber „Weisheit" als Lebensziel ist ein Irrlicht. Denken Sie daran: Alle haben einen Hammer, alle. Auch die „Weisen".

Haben wir diesen realistischen Standpunkt eingenommen, können wir von einem Gedankensystem wie z.B. Bubers dialogischer Philosophie durchaus profitieren. Das Ich-Du-Denken hat eine Gültigkeit, die nicht an der Person seines Schöpfers hängt: ob dieser es persönlich umgesetzt hat oder nicht. Buber war ein Genie, zweifelsohne. Sein Ansatz ist von der modernen Pädagogik, der Psychiatrie und der Theologie aufgenommen worden und hat dort viel bewirkt. Er selber, Buber, trat in Israel für die friedliche Koexistenz von Arabern und Juden ein und hat sie im privaten Rahmen vorbildlich praktiziert. Also doch: Auch in Bubers persönlichem Lebensvollzug findet sich Dialogisches.

Ein Weisheitssucher hat resigniert

Das Buch (ein uraltes) hat zwölf Kapitel, ich zitiere zunächst das Ende des ersten: „Ich sagte zu mir selbst: Ja, ich habe ein Höchstmaß an Weisheit erworben. Mein Sinn lernte Weisheit und Wissen in Menge kennen. Dann richtete ich mein Sinnen darauf, Weisheit und Wissen, Torheit und Unverstand zu durchschauen. Da erkannte ich, dass dies Haschen nach Wind ist." Jetzt ein Abschnitt aus dem zweiten Kapitel: „Der Weise hat Augen im Kopf, der Tor aber tappt im Finstern. Ich habe aber auch erkannt, dass ein und dasselbe Geschick alle beide trifft. Da sagte ich mir: Wenn das Geschick des Toren auch mich trifft, warum bin ich dann so übermäßig weise geworden? Ja, alles ist Nichtigkeit und Haschen nach Wind." Und schließlich stellt der Autor noch resigniert fest (im sechsten Kapitel): „Was hat schon der Weise dem Toren voraus?"

Ich lade nun diesen Weisheitssucher, der resigniert hat, der den Glauben an die Weisheit verloren hat, ein, an einem literarischen Treffen teilzunehmen. Er muss dazu in unsere Zeit hinüberkommen und ich muss ihm ein modernes Aussehen geben …

Dichterlesung zum Thema „Vergänglichkeit, Tod"

Die Luft in dem kleinen Café ist rauchgeschwängert. An den Tischen vorbei schiebt sich ein Mann zu einem Rednerpult, er hält ein dünnes Buch in der Hand. Der Mann ist Paul Celan. Um seinen Mund spielt ein Lächeln. Aber der Blick der freundlichen Augen ist nach innen gerichtet, ganz tief nach innen.

> Der halbe Tod,
> großgesäugt mit unserm Leben,
> lag aschenbildwahr um uns her …

Dichterlesung zum Thema „Vergänglichkeit, Tod". Die Veranstalter haben Kosten und Mühen nicht gescheut, die Prominenz ist vertreten: Paul Celan, Hugo von Hofmannsthal, Ingeborg Bachmann … Auch andere, noch unbekannte Dichter sind da, z.B. dieser verschwiegene, verschlossene Mann Anfang dreißig, Nickelbrille auf der Nase, zerfurchte Stirn, hoher Haaransatz.

Hugo von Hofmannsthal hat seinen Auftritt:

> Und Kinder wachsen auf mit tiefen Augen,
> Die von nichts wissen, wachsen auf und sterben,
> Und alle Menschen gehen ihre Wege …

Ingeborg Bachmann ist an der Reihe:

> Es kommen härtere Tage.
> Die auf Widerruf gestundete Zeit
> wird sichtbar am Horizont.
> Bald musst du den Schuh schnüren
> und die Hunde zurückjagen in die Marschhöfe …

Und dann wird *er* nach vorne gebeten, dieser verschwiegene junge Mann. Seltsamerweise wird sein Name nicht genannt. Er beginnt zu lesen, mit hüstelnder, leiser Stimme:

> … wann die Tore nach draußen sich schließen
> und der Laut der Mühle leiser wird;
> wann der Laut der Vögel innehält
> und alle Lieder schweigen …

Es ist atemlos still geworden im Raum. Alle Augen hängen an den Lippen dieses Mannes. Die Zigaretten werden ausgedrückt. Als das Gedicht beendet ist, möchte jemand wissen, wie dieser Mann überhaupt heißt.

Erst jetzt wird er vorgestellt. Er sei der „Prediger".

Der Prediger?

Der Verfasser jenes gleichnamigen Buches in der Bibel?

Ja, genau der.

Jetzt geht es stürmisch zu im Raum. Man möchte mehr wissen, mehr hören. Endlich einmal hat man einen biblischen Autor vor sich, so etwas passiert nicht alle Tage.

Der junge Mann hebt die Augen, und sofort wird es wieder ruhig. Er liest weiter:

> Alles hat seine Stunde, und eine Zeit ist
> bestimmt für jedes Vorhaben unter dem Himmel:
> Eine Zeit fürs Geborenwerden, und
> eine Zeit für Sterben; eine Zeit fürs

Pflanzen, und eine Zeit, das Gepflanzte auszureißen.
Eine Zeit, zu töten, und eine, zu heilen;
eine Zeit, einzureißen, und eine Zeit, aufzubauen.
Eine Zeit, zu weinen, und eine Zeit, zu lachen;
eine Zeit, zu klagen, und eine Zeit, zu tanzen.
Eine Zeit, Steine zu werfen, und eine Zeit,
Steine zu sammeln. Eine Zeit, zu umarmen, und
eine Zeit, der Umarmung sich zu enthalten.
Eine Zeit, zu suchen, und eine Zeit, zu verlieren;
eine Zeit, aufzubewahren, und eine Zeit, wegzuwerfen.
Eine Zeit, zu zerreißen, und eine Zeit, zu nähen;
eine Zeit, zu schweigen, und eine Zeit, zu reden.
Eine Zeit, zu lieben, und eine Zeit, zu hassen;
eine Zeit für den Krieg, und eine Zeit für den Frieden.

Der junge Mann hat seine Lesung beendet, es dürfen Fragen gestellt werden.

„Das, was Sie sagen, klingt sehr skeptisch, sehr melancholisch. Ist das nicht für einen biblischen Autor ziemlich ungewöhnlich?"

Der Mann überlegt eine Weile. Dann antwortet er: „Ich gebe zu, dass ich mich ganz am Rande der Bibel befinde. Kurz vor dem Absturz ins Nichts. Ich halte den Glauben an Gott nur mit großer Mühe durch."

„Was hat Sie zu dieser Haltung gebracht? Wir sind doch von biblischen Autoren einen vollen, starken Glauben gewohnt!"

„Mein Ausgangspunkt ist das, was Gott nach dem Sündenfall zu Adam gesagt hat: ‚Denn Staub bist du, und zum Staub musst du zurückkehren.' Diesen Satz nehme ich sehr, sehr ernst. Von hier aus gelange ich zu folgenden Überlegungen:

- Nichtigkeit, nur Nichtigkeit. Alles ist Nichtigkeit. Was bleibt dem Menschen von all seiner Mühe, womit er sich abmüht unter der Sonne? (1,2f)
- Ich sah alle Werke an, die unter der Sonne geschehen; da zeigte sich: Alles ist Nichtigkeit und Haschen nach Wind. (1,14)
- Alles geht zum selben Ort. Alles ist aus Staub geworden, und alles kehrt zum Staub zurück. (3,20)
- Darum pries ich die Toten, die längst gestorben sind, glücklicher als die Lebenden, die noch leben. Aber mehr als sie beide preise ich den, der gar nicht zum Dasein gelangt, der das üble Geschehen nicht gesehen, das unter der Sonne geschieht. (4,2f)"

„Und wie sollen wir bei dieser Perspektive unser Leben leben?"

„Wohlan denn, iss fröhlich dein Brot und trinke wohlgemut deinen Wein! Genieße das Leben mit der Frau, die du liebst, all die Tage deines nichtigen Lebens, die Gott dir gegeben unter der Sonne. Denn dies ist dein Anteil am Leben und an deiner Mühe, die du dir unter der Sonne machst." (9,7.9)

Ein biblischer Autor gibt angesichts von Tod und Vergänglichkeit nur diesen einen Rat: Das Leben genießen, so gut es geht. Das ist allerhand. Aber glücklicherweise rafft sich der Prediger wenigstens *dazu* auf. Und verbleibt nicht in bloßer Melancholie. Er führt den seelenverwandten Leser, der sich bei ihm so sehr verstanden fühlt, zurück in die konkreten Lebensbezüge.

Wenigstens das.

Er spendet aber angesichts von Vergänglichkeit und Tod nicht jenen Glaubenstrost, den wir sonst von der Bibel her gewohnt sind.

Vielleicht zu sehr gewohnt.

Der Prediger, liebe Leserin, lieber Leser, ist ein Autor für die Melancholiker. Unabhängig davon, ob sie gläubig sind oder nicht. Das spielt überhaupt keine Rolle. Wer melancholisch ist, wer Neigungen zur Depression hat, dem gebe ich einen Geheimtipp: das Buch Prediger in der Bibel lesen.

Der Prediger ist ein Therapeut.

Lassen Sie mich das genauer erklären.

Ein Weisheitssucher, der resigniert hat, als Therapeut

Gleiches wird durch Gleiches geheilt. Dieser alte medizinische Grundsatz gilt auch psychologisch. In dem Augenblick, wo wir für unsere melancholischen Gefühle einen Resonanzboden finden - aber einen guten, einen auf literarisch hohem Niveau -, setzt ein seelischer Heilungsprozess ein. Oder zumindest ein Stabilisierungsprozess. Das macht ja den Wert von Gedichten aus. Auch sie sind *Therapie*. Geändert hat sich *in der Wirklichkeit* gar nichts. Sie ist so, wie sie ist. Aber unser seelisches System reagiert ab jetzt anders. Einfach deshalb, weil es die Situation nicht mehr *alleine* bewältigen muss. Weil es sich kurzschließen kann mit einer ästhetischen Verarbeitung seiner eigenen Gefühle. Im literarischen Text findet man das, was in einem selber ist, ästhetisch ausformuliert *noch einmal vor*. Dort ist es auf den Punkt gebracht, besser hätte man es selber nicht sagen können. Eine Begegnung mit sich selbst wird möglich. Und die scheint als solche bereits therapeutische Wirkung zu haben.

Das Buch Prediger ermöglicht solch eine Begegnung mit sich selbst, das macht seinen Wert aus. Der Prediger kann den Melancholiker *halten* - bewahren vor dem Abgrund. Denn der Prediger ist ja nicht hineingefallen. Er hat nur hineingeschaut, das ist ein Unterschied. Der Prediger hält die Nichtigkeit aus, das „Haschen nach Wind“ (diese Formulierung kommt immer wieder vor). Er ist der Therapeut der Melancholiker und Skeptiker. Er ist selber einer.

Nachbemerkung: Im Alten Testament geben sich das Hohelied, das Sprüchebuch und das Buch Prediger (auch Kohelet oder Ecclesiastes genannt) als Schriften des Königs Salomo aus (das Buch Prediger allerdings nur indirekt, vgl. 1,1.16). Es handelt sich hierbei um fiktive Angaben, in Wirklichkeit kennen wir die Verfasser dieser Schriften nicht. Salomo, eine interessante, schillernde

Figur - Tempelerbauer, Frauenliebhaber -, förderte an seinem Hof offenbar in großem Ausmaß Kultur und Wissenschaft (Weisheit), womit er sich späteren Generationen anbot, selber als Autor zu figurieren (für die eigenen, anonym abgefassten Schriften). Und so entstand unter dem Namen Salomo eine weitverzweigte biblische, apokryphe und legendarische Literatur (weitere Schriften z.B.: Die Oden Salomos, Die Psalmen Salomos, Das Testament Salomos).

Die Weisheit des Alten Orients, Israels und Ägyptens

Wenn man sich umschaut, wo in der Weltliteratur Weisheit geboten wird, stößt man zunächst einmal auf den Alten Orient (einschließlich Israels) und Ägypten. Die altorientalische und die ägyptische Weisheit haben sich gegenseitig beeinflusst und bilden also einen einzigen Komplex. Unabhängig davon sind literarische Weisheitstraditionen in Indien und China entstanden. Das ist es auch schon. Die griechische Philosophie sollte man nicht „Weisheitslehre" nennen, weil hier das diskursive Denken (das logisch von Punkt zu Punkt fortschreitet) vorherrscht. Natürlich gibt es auch bei Platon Weisheit, und die Sophisten wären zu nennen („Weisheitslehrer" ist ja die Übersetzung des Wortes), aber Letztere lehren eine technische, rhetorische Weisheit. Wenn man so will, findet man natürlich überall auf der Welt „Weisheit": bei den Indianern, in afrikanischen Märchen, in allen religiösen Traditionen usw. Aber eine regelrechte Literaturgattung „Weisheit" wurde eben nur damals im Alten Orient und in Ägypten hervorgebracht, allenfalls noch in Indien und China. – Jetzt können wir übrigens auch Martin Buber einordnen: Er gehört in die Linie der jüdischen Weisheit.

Das Alte Testament hat mehrere Weisheitsbücher, und ihre Lektüre hätte eigentlich die Juden sehr, sehr weise machen müssen. Aber ist das geschehen? Wieso zettelten sie dann im Jahre 66 und noch einmal im Jahre 132 Kriege gegen die übermächtigen Römer an – Kriege, die die staatliche Vernichtung und eine 2000-jährige Diaspora zur Folge hatten? Aber auch schon vorher war die Geschichte Israels eine Serie von Torheiten, man muss nur aufmerksam genug das Alte Testament lesen.

Ihre Weisheitsliteratur hat die Juden nicht weise gemacht. Nicht weiser als andere Menschen, die solche Literatur nicht haben.

Christen haben sie auch, die Weisheitsliteratur, sie haben das Alte Testament ja übernommen. Aber auch auf Christen hat diese Literatur keine spürbare Auswirkung gehabt.

Wer Christ ist, ist nicht „weiser" als jemand, der kein Christ ist.

Wozu also die ganze Weisheitsliteratur? Diese Frage kann man sich wirklich stellen. Und jetzt noch einmal zurück zum Prediger: Dieser *Autor einer Weisheitsschrift* wurde selber an der Weisheit irre. Irgendwie ist das beruhigend.

Und noch etwas ist beruhigend: Gerade als *resignierter Weisheitssucher* kann der Prediger anderen Menschen etwas ungemein Wertvolles anbieten (wir haben es gesehen): Therapie für Melancholiker.

Ist das nicht eine gute Nachricht? Wir brauchen nicht „Weise“ zu werden, um wertvolle Menschen zu sein. Menschen, die anderen etwas zu geben haben. Vielleicht ist uns ebenfalls etwas zerbrochen - wie dem Prediger die Weisheit. Ein großartiger Lebensentwurf vielleicht. Wir stehen nur mit Bruchstücken da. Doch jetzt wenden wir uns anderen Menschen zu. Als „Nicht-Weise“. Um nicht zu sagen: als „Toren“. Und was stellen wir fest? Wir sind wertvoll. Wir sind wertvoll gerade mit unserem gebrochenen Leben. Vielleicht wären wir weniger wertvoll, wenn wir heil und stolz „Weisheit“ präsentieren würden. Die würde uns keiner abnehmen. Aber wie wir uns durchgekämpft haben, wie wir nicht aufgegeben haben – wenn wir das erzählen, das macht Mut. Auch unsere Torheiten müssen wir erzählen, die dürfen wir nicht ausblenden. Dann gestehen die anderen ihre ein, und wir lachen vielleicht gemeinsam. Das Eingestehen ist bereits ein lichter Moment, und gemeinsam sind wir, wenngleich Toren, doch auf dem Weg der Besserung …

Etwas ist nachzutragen. Ich habe Ihnen, liebe Leserin, lieber Leser, einiges über altorientalische/ägyptische Weisheit erzählt, aber noch können Sie sich selber kein Bild machen – weil ich nämlich nichts zitiert habe. Das soll jetzt nachgeholt werden. Ich führe einen Abschnitt aus der Spruchsammlung des Anch-Scheschonki an (Ägypten). Dieses Werk wurde erst 1955 bekannt und befindet sich auf einem Papyrus im Britischen Museum in London. Sie werden sehen, ägyptische Weisheit ist sehr praxisnah. Und amüsant …

Besser eine Statue aus Stein als ein dummer Sohn.
Zünde kein Feuer an, wenn du es nicht löschen kannst.
Wer am Stein rüttelt, dem fällt er auf den Fuß.
Wer ein Straßenmädchen liebt, dessen Börse ist an der Seite aufgeschlitzt.
Man lädt einem Esel keinen Balken auf.
Wenn eine Frau ein Krokodil liebt, dann nimmt sie dessen Charakter an.
Sag nichts Abfälliges über eine beliebte Frau.
Sag nichts Lobendes über eine unbeliebte Frau.
Ein Dummkopf, der mit einem Weisen gehen möchte, ist wie eine Gans, die mit ihrem Schlachtmesser gehen will.
Wenn du Hunger hast, iss, was du verabscheust; wenn du satt bist, verabscheue es wieder.
Hast du die Absicht, mit deinem Chef offen zu sprechen, so zähle zuvor an deiner Hand bis zehn.
Ein falscher Zungenschlag im Königspalast ist wie ein falscher Schlag des Steuerruders auf See.
Ein Affe, der Früchte gern hat, grollt dem, der sie isst.

Das hört sich alles ganz nett an. Man schmunzelt, man kommt ins Nachdenken. Dabei entgeht einem, dass hier etwas Ungeheures verlangt wird: die Perfektion des Menschen. Wenn man die 28 Druckseiten der Spruchsammlung des Anch-Scheschonki durchgelesen hat (und sie ist nur eine von vielen Weisheitsschriften der Ägypter), steht man unter einem Anspruch, den man nicht erfüllen kann. Weisheitsschriften fordern von uns Unmögliches, auch die biblischen Weisheitsschriften tun es. So, wie Weisheitsschriften es wollen, können wir nicht werden. Zwei, drei Vorschriften halten wir ein, dann rutschen wir in die Torheit ab. Weisheitsschriften sind eine völlig irreale, an der menschlichen Natur vorbeizielende Literatur. Was z.B. realistisch ist, ist ein guter Roman. Mit dessen Handlung können wir seelisch interagieren. Der Roman schildert den Menschen so, wie er ist. Er steigt mit den Figuren zusammen in die Abgründe, richtet aber nicht. Weisheitsliteratur hingegen richtet. Ständig. In jeder Zeile. Sie erklärt uns zu Toren, denn wir entsprechen ja nicht den Vorschriften. Wir *zünden* Feuer an, die wir nicht löschen können. Wir *bleiben* jener grollende Affe, die Affennatur kriegen wir nicht aus uns heraus usw. usw.

Kapitel 6: Von Säulenheiligen und anderen Toren

Wie uns die Religion um den Verstand bringen kann

Mein Großvater mütterlicherseits war ein Gemeinschaftsprediger der übelsten Sorte. Überfromm und gleichzeitig seiner Frau und seinen zehn Kindern gegenüber hart und lieblos. Seine Strenge begründete er mit seiner Frömmigkeit; er übertrug gleichsam Gottes harte Zucht auf seine Familie und übte sie dort als dessen Stellvertreter aus. Meine Mutter erzählt folgende Geschichte: Eine ihrer Schwestern war mit vielleicht 15 Jahren zu einer Hochzeit eingeladen gewesen und sollte um 10 Uhr abends wieder zu Hause sein. War sie aber nicht. Sie war einige Minuten später zu Hause.

Der Vater ließ sie nicht herein.

Die ganze Nacht nicht.

Sie haben, liebe Leserin, lieber Leser, sicherlich Mitleid mit dem Mädchen.

Aber Sie kennen noch nicht die ganze Geschichte. Es war Krieg. Es war eine Nacht, in der sich die englischen und amerikanischen Bomber im Anflug befanden. Auf das Ruhrgebiet, wo auch Familie G. wohnte. Die Luftschutzsirenen heulten. Familie G. samt Vater hatte im Keller des Hauses den Luftschutzraum aufgesucht.

Und jetzt noch einmal: Die Tochter musste draußen bleiben! Das ist die Zucht Gottes! Das Mädchen wird nie wieder zu spät kommen!

Ich habe trotz solch familiärer Hintergründe Theologie studiert. Aber auch Psychologie. Psychologie hauptsächlich deshalb, weil ich Religion besser verstehen wollte. Unser Professor für Religionspsychologie sagte einmal den Satz: „Ein Prediger, der seinen Schatten nicht kennt, ist ein gefährlicher Mann.“

Dieser Satz schlug bei mir ein.

Ich sah meinen Großvater vor mir.

Wenn wir den Gedanken vom „Schatten“, der ja aus der Psychologie C.G. Jungs stammt, auf die Thematik des vorliegenden Buches anwenden (in einem ganz allgemeinen Sinne), können wir sagen: Der „Tor“ ist unser aller Schatten. Er geht mit uns mit. Wir werden ihn nie los, das ist nun einmal so. Aber wir sollten uns seiner *bewusst* werden. Wir sollten ihn *kennen*. Ein Schatten, der vom Bewusstsein anerkannt ist, mit dem man sich im Gespräch befindet, dem man Zugeständnisse macht, aber auch Grenzen setzt, hat nicht mehr dieselbe Gefährlichkeit.

Doch nun zum Kapitel über Torheit in der Religion. Es ist dasjenige, das mir am meisten am Herzen liegt. Ich werde kritisch sein, sehr kritisch. Aber ich trage auch eine Sehnsucht in mir: dass Religion uns helfen möge, unser Leben besser zu bestehen. Dass sie uns helfen möge, es heilvoller und sinnvoller zu machen. Aber keine Sorge, ich werde nicht predigen. Folgen Sie mir in dieses Kapitel hinein, auch wenn Sie der Religion gegenüber eine indifferente Haltung haben. Ich bemühe mich, alles so interessant wie möglich darzustellen!

Möchten Sie auf einer Säule leben?

Ich lade Sie ein, liebe Leserin, lieber Leser, mich nach Kalat Siman zu begleiten, einer Ruinenstätte in Nordsyrien. Unser Reiseführer erklärt uns, der Ort sei einst ein berühmtes Wallfahrtsheiligtum gewesen. Vier Basiliken gab es hier, auch eine ausgedehnte Klosteranlage. Das Zentrum des Ganzen sei eine Säule gewesen. Mit ihr habe alles begonnen. Um sie herum wurden die Gebäude erstellt.

Die Säule.

Sie ist zum Teil noch erhalten. Wir schauen sie uns an. Wir schauen und schauen, und im Flimmern der Mittagshitze meinen wir plötzlich, *ihn* zu sehen. Ihn, Symeon …

Er wurde um das Jahr 390 geboren. In seiner Jugend war er zunächst Schafhirte, dann trat er in ein Kloster ein. Das war nichts Ungewöhnliches. Das taten damals viele junge Männer in Syrien (auch in Ägypten). Klosterleben im Osten war eine harte, asketische Sache, wir dürfen es nicht mit Klosterleben im Westen verwechseln. Bei uns im Abendland kommt so mancher gute Tropfen aus einer Kloster-Kellerei. Oder ein gutes Bier aus einer Kloster-Brauerei, und ein wohlbeleibter Mönch macht auf dem Etikett Werbung. Im Mittelalter hatte in manchen Klöstern jeder Mönch seinen eigenen Diener.

So war es nicht im Osten.

Dort wollte man Gott durch Askese und Selbstkasteiung gefallen.

Härter noch als *in* den Klöstern ging es *außerhalb* von ihnen zu, bei den Einsiedlern. Sie bepackten sich mit Eisen, konnten unter der Last nur noch gebückt gehen, und es galt die Gleichung: je mehr Eisen, desto mehr Gnade bei Gott. Aber auch andere Formen der Selbstquälerei erfand man. Ein gewisser Baradatos wohnte in einer Lattenkiste, die für ihn zu klein war, die ihn zu gekrümmter Haltung zwang. Diese Behausung schützte weder gegen Sonne noch Regen. Ein anderer Spinner, Thalelaios mit Namen, hatte eine Art Walze anfertigen lassen, in die er nur mit hochgezogenen Knien passte, und dieses Ding war an einem Gestell frei aufgehängt (der Mann muss das Bild eines Hamsters im Laufrad geboten haben).

Zurück zu unserem Symeon. Schon als Zwanzigjähriger hatte er sich einen Strick um den Leib gebunden, der ihm die Haut blutig scheuerte. Er führte auch folgende Übungen durch: sich eingraben lassen (für zwei Jahre); sich durch andauerndes Stehen den Schlaf entziehen. Als er sah, dass er sich innerhalb des Klosterlebens nicht weiter steigern konnte, verließ er das Kloster und ging zum freien Einsiedlerleben über. Jetzt konnte er tun, was er wollte! Er ließ sich irgendwo einmauern, dann wieder unter freiem Himmel irgendwo anketten usw. Schließlich kam ihm die Erleuchtung: Er musste in die Höhe. Zunächst begab er sich auf einen ein Meter hohen Steinblock, dort blieb er fünf Jahre. Dann wurde ihm sein Postament zu niedrig, er ließ immer mehr Steine auftürmen, und schließlich stand er auf einer 20 Meter hohen Säule. Die verließ er 30 Jahre nicht mehr, bis zu seinem Tod. Und was war seine Tätigkeit dort oben? Beständiges Gebet mit rhythmischen Niederwerfungen auf Knie und Stirn. Einer der fassungslosen Besucher zählte 1244 Niederwerfungen, dann gab er das Zählen auf. Immer wieder kamen Leute zu Symeon, und er hielt ihnen von oben Predigten. Er war der erste uns bekannte „Säulenheilige“ (Stylit).

Liebe Leserin, lieber Leser, möchten Sie Ihr Leben auf einer Säule verbringen? Wir spüren instinktiv, dass bei Symeon etwas „nicht stimmt“, nicht wahr? Ich sage es einmal in unserer Begrifflichkeit: Symeon war nur noch „Tor“. Bei uns „normalen Toren“ existiert immer noch ein gesunder Anknüpfungspunkt. Man kann uns auf unsere Torheiten hin ansprechen, und wir sind einsichtsfähig (mehr oder weniger). Ein solcher Anknüpfungspunkt ist bei Symeon durch die Religion zerstört worden. So scharf muss man das sagen. Die Religion hat dem Ich dieses Mannes den Untergang bereitet. Man begegnet nicht mehr ihm, sondern nur noch seiner Religion. Religion, jedenfalls *Religion pur*, ist immer gefährlich. *Religion pur* löst uns die Basis auf, von der aus wir vernünftige Überlegungen vornehmen können. Religion ohne kognitive Distanzierungsakte von ihr hält der Mensch nicht aus: es sei denn um den Preis seiner seelischen Gesundheit.

Ein weit verbreitetes Missverständnis über Religion besteht darin, dass man meint, in der Religion tummeln sich die „Homines religiosi“, die religiösen (d.h. von der Religion durchdrungenen) Menschen. Das ist aber (glücklicherweise) nicht der Fall, sonst wäre unsere Welt schon längst aus den Fugen geraten. In der Religion dominieren vielmehr die Pragmatiker, die nüchternen Macher, die Leute mit Augenmaß. Das können Sie schon der Geschichte Symeons entnehmen. Er geriet in Widerspruch zu seinem Kloster. Dort herrschte eine bestimmte Ordnung. Gewiss, es ging auch in dem Kloster asketisch zu, aber solche Verrücktheiten, wie sie die frommen Einsiedler praktizierten, waren nicht gestattet. Also musste sich Symeon, ein wahrer Homo religiosus, von dem Kloster trennen. – Diese Doppelheit in der Religion, liebe Leserin, lieber Leser, beobachtet man in der gesamten Religionsgeschichte. Die Enthusiasten, die Ergriffenen, die „Verrückten", die religiösen „Toren" sind (ich sage noch einmal: glücklicherweise) immer in der Minderheit. Das Sagen haben Leute, die vernünftig überlegen. Die der Kirche (oder welcher Religionsgemeinschaft auch immer) das Überleben in der Welt sichern. Auf diese Weise wurde immer und überall in der Religionsgeschichte die Gefährlichkeit der Religion reduziert. Religion wurde domestiziert. Wir sehen es heutzutage in der Diskussion mit dem Islam in Europa. Die vernünftigen Köpfe in den Reihen der Muslime überwiegen bei weitem. Mit diesen Leuten kann man diskutieren. Auch sie sind fromm, aber nicht extrem. Allerdings muss man sich als Nicht-Homo-religiosus, wenn man in der Religion Verantwortung übernimmt, *tarnen*. Man muss sich den Anstrich geben, man sei es *doch*, man sei *doch* Homo religiosus – sonst gilt man nicht als vollwertiger Repräsentant der jeweiligen Religion.

Ich sprach von *Religion pur*. Wollen Sie dafür noch ein Beispiel? Jetzt nicht aus dem Christentum, sondern aus einer anderen Religion?

Zwei Wochen in den Bergen

Religion pur: Ich will mich ihr aussetzen. Für zwei Wochen. In den Bergen.

Nein, es sind nicht die Schweizer Berge, in denen ich bin. Die sehe ich bei klarer Sicht gestochen scharf von meinem Arbeitszimmer aus. Ich blicke über den Neuenburger See und habe dann in der Ferne die ganze Alpenkette: Eiger, Mönch, Jungfrau … Die Anziehungskraft ist so stark, dass ich manchmal einfach vom Schreibtisch aufstehe, mich ins Auto setze und hinfahre. Eineinviertel Stunden, und ich bin da …

Es sind andere Berge, in denen ich bin. Sie sind schroffer, man findet an ihren Hängen keine Dörfer, man findet Nomaden mit ihren Herden und Zelten. Die Berge sind auch höher als die Schweizer Berge, der Kailash misst 6714 Meter.

Hymne an den Kailash

Der Gipfel des Juwelenbergs, der die
ersten Strahlen
Der Morgensonne spiegelt, ist die Krone,

Geschmückt mit den Girlanden
weißer Wolken.
An den Leib des Berges schmiegen
sich ständ'ger Dunst und Nebelschleier;
Dies ist der Schneeberg,
Von dem die Götter ständig sprechen.
Dies ist der Ort,
an dem ich so oft meditiere.

Die Pilger sammeln sich im Basislager Darchen. Ich sehe ein Nomadenkind, das die Reise zum Kailash in einem Korb gemacht hat, der auf den Rücken eines Yaks gebunden ist. Ich esse wie die anderen Pilger Tsampa: geröstetes Gerstenmehl (meine Nahrung für die nächsten zwei Wochen). Einer der Pilger - er wird mein ständiger Begleiter sein - reicht mir eine Lederschürze und Fäustlinge mit einer Unterseite, die von einem alten Fahrradreifen stammt.

Ich will die 52 Kilometer um den Kailash herum mit Niederwerfungen zurücklegen.

Dafür muss man geschützt sein.

Man steht und wirft sich dann nieder, selbst die Stirn berührt den Boden. Der nächste Stand für die Füße ist dort, wo zuvor die Stirn war. So kommt man Körperlänge um Körperlänge vorwärts. Und braucht für die 52 Kilometer zwei Wochen. Es geht bis auf 5636 Meter hoch, die Route führt hier über schneebedeckte Bergpfade. Es geht auch durch eisige Bäche, über gefrorenen Boden, kein Hindernis wird umgangen.

Nein, ich habe die Pilgerreise um den heiligen Berg Tibets nicht wirklich gemacht. Ich habe sie herausgesponnen aus den Büchern, die vor mir auf dem Schreibtisch liegen. Prächtige Bildbände sind es. Aber auch Erlebnisberichte: Heinrich Harrer, Sieben Jahre in Tibet, Berlin 1952; Ernst Schäfer, Das Fest der weißen Schleier, Durach 1988.

Von manchen der ganzseitigen Fotos in den Bildbänden komme ich nicht los.

Zwei Pilgerinnen aus Ngaba auf dem Weg zur heiligen Stadt Lhasa. Die gesamte 1800 Kilometer lange Strecke legen sie mit Niederwerfungen zurück; vier Jahre brauchen sie dazu. Junge Frauen sind es. Welch ein Eifer ist in ihren Gesichtern, wie sie da am Boden liegen, im Begriff, sich wieder aufzurichten. Vier Jahre ihres Lebens geben sie für eine Wallfahrt hin.

Aber ich lese noch von ganz anderen Leistungen. Schäfer schreibt (S.16): „Und nun stoße ich unvermittelt auf den ersten, schwielenbedeckten Asketen, der in dauerndem Niederfall, den nackten Fels mit seiner hornbeuligen Stirn berührend, gen Lhasa wallt. Ohne sich in seinem religiösen Eifer stören zu lassen, kriecht der Mensch dahin. An einer Bodenschwelle richtet er sich auf, schüttelt den Staub von den Fäustlingen, glättet den Lederschurz und sieht mich mit verwunderten Augen an. Ein Osttibeter ist's, aus Amdo von der chinesischen Grenze. Zweitausend Kilometer ist er durch Frost und Sturm auf seinen Knien durch die Bergwüsten gezogen, immer in Vollendung seines Laufes; acht volle Jahre lang. Jetzt steht er vor dem Ziel, vor Lhasa, dem langersehnten. Dort wird seine Wallfahrt beendet sein … Acht Jahre ruhelosen Wanderns, Jahre voll Wirken und Wirbel, voll Wollen und Wahn."

Wahn.

Ich nehme dieses Wort auf. Gilt es nicht auch für folgenden Fall? „Ein einbeiniger Mann aus Kalkutta hatte eine Pilgerreise von 20 Jahren hinter sich, als er am Kailash eintraf."

Wir sollten, wenn wir „Tibet" sagen und wenn wir „Buddhismus" sagen, ein realistisches Bild vor Augen haben. Wenn in einem Land der Erde Religion bis an die Grenzen ausgelebt wird, ist es Tibet. Und dieses Ausleben geschieht unter Aufopferung der Existenz. Die Wallfahrten mit Niederwerfungen sind nur *ein* Beispiel - eines von vielen dafür, wie Religion das ganze Leben bestimmt. Wir im Westen suchen, wenn wir „Tibet" und wenn wir „Buddhismus" sagen, einen spirituellen Kick. Aber die Wirklichkeit ist härter. Die Menschen sind *gezeichnet* von ihrer Religion. Gewiss: Das alles ist nicht zu kritisieren, ist doch der Buddhismus - anders als der Islam - sehr friedlich. Der geschlossene religiöse Zirkel führt hier nicht (in der Regel nicht, eine Ausnahme ist Sri Lanka) zu aggressivem Verhalten nach außen. Im Gegenteil: Man kann vom Dalai Lama *Liebe* lernen. Aber trotzdem: Der tibetische Buddhismus ist eine Religion, die den Menschen totalitär beansprucht und ihm keinerlei Eigenleben gestattet. Zum Beispiel käme kein Tibeter auf den Gedanken, eine Bergwanderung wegen der Schönheit der Natur zu unternehmen, Fotoapparat umgehängt. Berge müssen umrundet werden (tagelang, wochenlang), *weil die Religion es will.* Und ohne Rücksicht auf die Belastung und Zerstörung des eigenen Körpers.

Der Buddhismus, insbesondere in seiner tibetischen Spielart, ist eine Projektionsfläche geworden für die Träume westlicher Menschen von einem spirituellen Leben. Aber der tibetische Buddhismus hat die ganze Wucht und den ganzen Wahn von *Religion pur* in sich.

Man kriegt den Wahn aus der Religion nicht heraus. Immer dann, wenn sie intensiver wird, steigt auch das Quantum an Wahn. Diese Rechnung kann man selbstverständlich auch für das Christentum aufmachen. Und leider ist es so, dass dann, wenn man Religion heruntertransformiert, wenn man sie „beruhigt", sie uninteressanter wird.

Weshalb haben die christlich-charismatischen Kulte in Mittel- und Südamerika solchen Zulauf?

Weil sie interessant sind.

Interessant und verrückt.

Und warum sind unsere Kirchen leer?

Weil hier nichts passiert.

Zwei Wochen in den Bergen …

Ich bin froh, dass ich nicht da gewesen bin.

Und doch fehlt mir etwas …

Ich werde die Bücher vom Schreibtisch räumen und in die Alpen fahren; in eineinviertel Stunden bin ich dort …

Der tibetische Buddhismus diente uns nach Symeon auf seiner Säule als weiteres Beispiel für *Religion pur*. Nun möchte ich Ihnen gerne an zwei Personen ganz konkret den Unterschied zwischen Homo religiosus und Nicht-Homo-religiosus vorführen. Ich wähle einen bekannten deutschen Politiker und einen deutschen Mystiker (der in der Allgemeinheit weniger bekannt ist, in kirchlichen Kreisen allerdings sehr).

Johannes Rau und Gerhard Tersteegen

Ein Mann unserer Zeit, der christlichen Glauben und politisches Engagement vorbildlich miteinander verbunden hat, war *Johannes Rau*, zunächst Ministerpräsident des Landes Nordrhein-Westfalen, dann Bundespräsident. In kirchlichen Kreisen wurde er „Bruder Johannes" genannt - aber er kehrte sein Christsein nicht ostentativ heraus, sondern ließ es nur in angenehm diskreter Weise in seine Arbeit einfließen.

Johannes Rau hat zu einem Buch über den Mystiker Gerhard Tersteegen (1697-1769) das Geleitwort geschrieben. (D. Meyer [Hrsg.], Gerhard Tersteegen, Giessen - Basel 1998) Tersteegen ist für Johannes Rau ein „Vater des Glaubens"; und wenn man die Kirchenlieder singt oder liest, die Tersteegen gedichtet hat, kann man diesem Urteil nur zustimmen:

> Gott ist gegenwärtig. Lasset uns anbeten
> und in Ehrfurcht vor ihn treten.
> Gott ist in der Mitten. Alles in uns schweige
> und sich innigst vor ihm beuge.
> Wer ihn kennt, wer ihn nennt,
> schlag die Augen nieder;
> kommt, ergebt euch wieder.

Auch wenn Sie sich nicht als Christin/Christ verstehen, liebe Leserin, lieber Leser, wird diese Liedstrophe Sie vielleicht ansprechen. Sie holt uns aus der Geschäftigkeit des Alltagslebens heraus und führt uns zur inneren Sammlung. Sie tut uns gut – unserem Gemüt, unserer Seele. Und von Tersteegen denken wir wahrscheinlich, dass er in Würde und Demut seinen christlichen Glauben praktizierte. In der Geisteshaltung also, die sich in dieser Liedstrophe ausdrückt.

Aber so war es nicht.

Tersteegen war eine extreme Persönlichkeit. Er war kaum noch im Gleichgewicht.

Je höher die Flamme des Glaubens in einem Menschen schlägt, desto gefährdeter ist er.

Tersteegen praktizierte einen Totalitarismus im Umgang mit sich selbst. Das konnte erschreckende Formen annehmen, man lese nur seinen „Blutbrief“ (a.a.O. S.6f); mit seinem eigenen Blut verschrieb er sich Christus:

„Ich Verschreibe mich Dir, meinem einigen Heylande und bräutigam Christo Jesu, zu Deinem Völligen und ewigen Eigenthum. Ich entsage Von Hertzen allem recht und macht, so mir der satan über mich selbst mit unrecht mögte gegeben haben. Von diesem Abend an, als an welchem Du, mein blutbräutigam, durch Deinen todes-Kampf, ringen, und blutschwitzen im Garten Getsemane mich zum Eigenthum und braut Dir erkauffet, die pforten der Höllen zersprenget, und das liebvolle Hertze Deines Vatters mir eröfnet hast. Von diesem abend an sey Dir mein' Hertz und gantze Liebe auf ewig zum schuldigen Dank ergeben und aufgeopfert! Von nun an biß in ewigkeit, *Nicht mein, sondern dein wille geschehe!* Befehle, Herrsche, und regiere in mir! Ich gebe Dir Vollmacht über mich! Und Verspreche, mit Deiner Hülffe und beystand, eher dieses mein blut biß auf den letzten tropfen Vergiessen zu lassen, als mit willen und wissen, inwendig oder auswendig, Dir untreu oder ungehorsam zu werden: Siehe, da hast Du mich gantz, süsser seelenfreund! in Keuscher jungfräulicher liebe Dir stets anzuhangen. Dein Geist weiche nicht Von mir; und Dein todes-Kampf unterstütze mich! ja, amen. Dein Geist Versiegele es, was in einfalt geschrieben Dein unwürdiges Eigenthum.“

Von Johannes Rau zu Gerhard Tersteegen.

Von einem Praktizieren des christlichen Glaubens mit Augenmaß zu einem bedingungslosen Riskieren seiner selbst.

Bringt man sich so nicht aus dem Gleichgewicht?

Menschliche Existenz ist immer schon auf schwankendem Boden errichtet. Die Stabilität unserer Alltagswelt täuscht darüber hinweg, *muss* darüber hinwegtäuschen: Wir brauchen Sicherheit, und wir konstruieren sie uns. Kleinere Schwankungen des Bodens gleichen wir einigermaßen aus - unser Leben ist, ohne dass wir uns dessen bewusst sind, *Balancekunst*. Aber wehe, es gibt einen größeren Ruck …

Viele Lebensläufe sind *Dramen*. Viele Menschen könnte man ohne weiteres als „dramatische Personen“ bezeichnen: der Bühne würdig.

Meine These ist, dass durch Religion u.U. das Dramatische nicht beschwichtigt wird, sondern eher noch gesteigert. Anders formuliert: Wenn Religion hinzutritt, wird jener Balanceakt, den wir auf schwankendem Boden zu leisten haben, nicht unbedingt leichter. Falls die Religion großes Gewicht im Gefüge unserer Existenz bekommt, wird er im Gegenteil sogar komplizierter. Nun können wir aber beim Balancehalten auf niemanden zählen als *auf uns selbst*. Wir müssen - um der seelischen Gesundheit willen, um der Normalität unseres Lebensvollzugs willen - in entscheidenden Momenten aus dem Referenzrahmen der Religion heraustreten und uns nur auf uns selbst und unsere Persönlichkeit stützen. Es muss in uns unabhängig von der religiösen Ergriffenheit vernünftiges Denken geben. Bei Johannes Rau gab es das, bei Gerhard Tersteegen nicht. Das ist der Unterschied zwischen den beiden.

Man könnte fragen: Warum soll Tersteegen den Glauben nicht so ausleben, wie er möchte?

In der Tat, man sollte Tersteegen nicht angreifen. Aber schlimm wird es, wenn extreme Persönlichkeiten andere Menschen ins Verderben ziehen.

Tersteegen tat das nicht. Er wurde im Gegenteil vielen Menschen zum Segen: als Liederdichter, als Seelsorger. Aber die von der Religion her motivierten Zerstörer gibt es. Es gibt sie um uns herum, es gab sie in der Kirchengeschichte, es gab sie im Judentum, in allen Religionen. Der byzantinische Kirchengeschichtsschreiber Sokrates berichtet von einer jüdisch-messianischen Bewegung auf Kreta im 5.Jahrhundert n.Chr. Ein Mann trat auf, der sich als Mose redivivus (wiedergekommener Mose) ausgab und den Zug des Volkes Israel durch das Meer zum heiligen Land wiederholen wollte. Er fand viele Gläubige, und der Aufbruch fand tatsächlich statt. Man kam allerdings nicht weit: Viele Juden stürzten an der kretischen Steilküste ins Meer und kamen elendiglich um. (Historia Ecclesiastica VII, 38)

Wenn das Maß an Religion einen unsichtbaren Eichstrich, den wir in unserem Innern haben, überschreitet, wird es gefährlich. Wir „verdauen“ Religion nur in einem bestimmten Quantum. Und wir können die Gefahr, die von der Religion ausgeht, nur kontern im zeitlich limitierten Herausgehen aus dem religiösen Bezugssystem und im Rückgriff auf die normalen psychischen Ressourcen.

Im Prophetenhaus zu Rama

Liebe Leserin, lieber Leser, wir haben bereits im letzten Kapitel in das Alte Testament hineingeschaut, uns dort das Buch Prediger vorgenommen, und ich lade Sie nun zu einer erneuten Lektüre des Alten Testaments ein. Zunächst biete ich Ihnen eine anscheinend wenig aufregende Notiz aus dem ersten Samuelbuch. Aber warten Sie ab, wie sich die Sache entwickelt ...

„Samuel übte sein Leben lang das Richteramt in Israel aus. Jahr für Jahr pflegte er umherzuziehen, wobei er Betel, Gilgal und Mizpa besuchte und an allen diesen Orten über Israel Recht sprach. Dann kehrte er nach Rama zurück; denn dort hatte er seinen Wohnsitz.“ (1Sam 7,15-17)

Samuel wohnt also in Rama. Dort gibt es ein Prophetenhaus, und in dem geschehen seltsame Dinge. In dieses Prophetenhaus geht auch Samuel gelegentlich; dann erkennen wir ihn nicht wieder.

Aber ich muss weiter ausholen. - Propheten traten in Israel in Gruppen, ja in Massen auf. Ein Beleg dafür ist z.B. 1Kön 22,6. Eine göttliche Weisung soll eingeholt werden, ob ein Krieg gewagt werden kann oder nicht. „Da rief der König von Israel die Propheten zusammen, etwa vierhundert Mann, und sprach zu ihnen: ‚Soll ich zum Kampf gegen Ramot in Gilead ziehen, oder soll ich davon abstehen?'"

Der König hat *vierhundert Propheten* zu seiner Verfügung.

Es kommt vor, dass Propheten in Scharen durchs Land ziehen; mit Vorliebe halten sie sich offenbar auf den Höhen der Berge auf: „Beim Eintritt in die Stadt wirst du einer Schar Propheten begegnen, die von der Höhe herabsteigen. Vor ihnen her erklingen Harfen, Pauken, Flöten und Lauten, während sie selbst in prophetischer Begeisterung sind." (1Sam 10,5)

Harfen, Pauken, Flöten, Lauten - eine ganze Band sehen wir da. Man treibt sich mit Musik in Ekstase hinein.

In *Rama* nun gibt es eine regelrechte Prophetensiedlung. Und was tun die Propheten, was ist ihre Beschäftigung? - Sie prophezeien; alle miteinander, alle durcheinander. Auch Musik wird man sich wieder dazudenken dürfen.

So etwa ist das beschaffen, was man vor Augen haben muss, wenn man sagt: Prophetie im frühen Israel. Erst später standen die großen Schriftpropheten auf: Jesaja, Jeremia und die anderen.

Als Samuel wirkte, hieß Israels König Saul. Aber neben ihm kam ein anderer Mann allmählich hoch: David. Saul bemerkte das, fürchtete um seinen Thron, entwickelte Hass auf David, wollte ihn töten, ließ ihn verfolgen.

In seiner Not rettet sich David zu Samuel in Rama.

Und jetzt wird eine der unglaublichsten Geschichten erzählt, die die Bibel zu bieten hat (1Sam 19,18-24). An dieser Geschichte können wir die religionspsychologische Erkenntnis gewinnen, dass geistgewirkte religiöse Ekstase alle psychischen Mechanismen außer Kontrolle setzt: „David war also geflohen und hatte sich gerettet. Er kam zu Samuel nach Rama und erzählte ihm alles, was Saul ihm angetan hatte. Dann ging er mit Samuel hin, und sie wohnten im Prophetenhaus zu Rama. Als Saul berichtet wurde: ‚David ist im Prophetenhaus zu Rama', sandte Saul Boten aus, um David gefangen zu nehmen. Als diese aber die Schar der Propheten sahen, wie sie in prophetischer Begeisterung waren, und zwar Samuel an ihrer Spitze, ging der Geist Gottes auch auf die Boten Sauls über, so dass sie in prophetische Begeisterung gerieten. Als man das Saul meldete, sandte er andere Boten; aber auch diese gerieten in prophetische Begeisterung. Zum dritten Mal schickte Saul Boten; doch auch sie gerieten in prophetische Begeisterung. Da begab er sich selbst nach Rama. Als er zu der großen Zisterne bei Sechu gekommen war, fragte er: ‚Wo sind Samuel und David?' Man gab ihm zur Antwort: ‚Im Prophetenhaus zu Rama.' Während er sich nun von dort zum Prophetenhaus in Rama begab, ging der Geist Gottes auch auf ihn über, so dass er ständig in prophetischer Begeisterung war, bis er im Prophetenhaus zu Rama anlangte. Da zog auch er seine Kleider aus und geriet ebenfalls vor Samuel in prophetische Begeisterung und lag den ganzen Tag und die ganze Nacht entkleidet da.“

Saul will David greifen lassen, aber als die Häscher nach Rama kommen, werden sie durch die aufgeladene Atmosphäre, die dort herrscht, neutralisiert. Einer zweiten und dritten Häschergruppe geht es genauso, dann auch Saul selber.

An der Spitze der Propheten, die so etwas bewirken, steht Samuel.

Das ist jetzt nicht mehr Johannes-Rau-Religiosität. Das ist nicht mehr wohltemperierte, auf das Alltagsleben abgestimmte religiöse Betätigung. Jetzt gehen die Pferde durch. *Jetzt ist alles möglich.* Der Geist bringt alles außer Kontrolle. Wenn Geist gegen Willen steht, ist der Geist immer Sieger - das Religiöse hat eine ungeheure Macht über Menschen. Das Religiöse ist auch ansteckend, lernen wir aus dem Text. Man infiziert sich, wie man sich mit einer Krankheit infiziert.

Die Häscher - auch Saul selbst - hatten den *Willen*, David zu ergreifen.

Aber ein religiöses Kraftfeld ließ es nicht zu.

Religion ist nicht harmlos. Religion ist ab einem bestimmten Punkt nicht mehr beherrschbar. Sie entwickelt dann eine nicht zu prognostizierende Eigendynamik, der wir hilflos ausgeliefert sind. Wenn man in diesem Strudel ist, wird man zu den törichtsten Handlungen fähig (wie Saul).

Totalitarismus in der Seele versus Pluralismus

Wir bleiben beim Thema Prophetie und gehen zu den großen Schriftpropheten über. Für Bibelleser sind diese Männer gewaltige, unbeugsame Verkünder des Willens Gottes. Aber waren sie das auch für die Zeitgenossen? Über Jeremia beispielsweise hat sich beim Priester Zephanja, dem Chef der Tempelpolizei, einstmals jemand bitter beschwert: „Jahwe hat dich zum Priester an die Stelle des Priesters Jehojada eingesetzt, damit du Oberaufseher im Hause Jahwes seist für jeden Verrückten und jeden, der sich als Prophet gebärdet, um ihn in Block und Halseisen zu legen. Nun also, warum bist du nicht gegen den Jeremia aus Anatot eingeschritten, der sich vor euch als Prophet gebärdet?“ (Jer 29,26f)

Jeremia - ein Verrückter?

Jeremia - jemand, der in Block und Halseisen gelegt werden muss?

Die Ambiguität gehört zum Auftreten einer Person, die eine religiöse Botschaft hat, unweigerlich dazu; die Beurteilung der Person fällt so oder so aus, je nach Standpunkt. Über Luther schrieb Papst Leo X. 1520 in seiner Bannbulle: „Herr, ein wilder Eber ist in deinen Weinberg eingedrungen.“

Auch jeder der großen Schriftpropheten hatte seine Gegner, das ist nicht weiter verwunderlich.

Bei Jeremia allerdings - und da ist er eine Ausnahme - wird die Ambiguität in die eigene Seele hineingeholt, oder besser: dort zugelassen. Die kritischen Stimmen melden sich also auch *in ihm selber*.

Das ist unerhört.

Bei Jeremia liegt - im Gegensatz zu den meisten großen religiösen Persönlichkeiten - kein Totalitarismus im Umgang mit sich selbst vor, sondern Pluralismus. Das eigene Innenleben wird nicht auf eine einzige Linie festgelegt, sondern darf sich äußern, wie es möchte. Und das, obwohl eine hohe göttliche Berufung besteht. Die doch eigentlich das Seelenleben des betreffenden Menschen „auf Vordermann" bringen müsste. Aber Jeremias feinfühliges, feinnerviges Innenleben lässt sich nicht „auf Vordermann" bringen.

Schauen wir uns die Texte an. Zunächst werfen wir einen Blick in den Berufungsbericht; Gott sagt zu Jeremia: „‚Bevor ich dich im Mutterleib bildete, habe ich dich erkannt … Zum Völkerpropheten habe ich dich gemacht … Wohin immer ich dich sende, dahin wirst du gehen, und was immer ich dich heiße, das wirst du reden. Fürchte dich nicht vor ihnen; denn ich bin mit dir, um dich zu retten, spricht Jahwe.' Darauf streckte Jahwe seine Hand aus und berührte meinen Mund. Dann sprach Jahwe zu mir: ‚Hiermit habe ich meine Worte in deinen Mund gelegt. Siehe, ich habe dich heute über die Völker und über die Königreiche gesetzt, auszurotten und niederzureißen und zu verderben und zu zerstören, aufzubauen und zu pflanzen.'" (Jer 1,5.7-10)

Ein einfacher Privatmann wird „über die Völker und die Königreiche" gesetzt.

Das ist ungeheuer.

Wer unter religiöse Käfte gerät, wird aufgeladen wie mit Starkstrom. *Jetzt ist alles möglich*. Grenzen, in denen man sich vernünftigerweise bewegt, gelten nicht mehr. Es gibt ja keine *Vernunft* mehr. An ihre Stelle ist göttliche Dynamik getreten.

Aber hält das Seelenleben das überhaupt aus?

Eine Berufung, wie Jeremia sie erfuhr, ist wie ein Keulenschlag. Sie muss notwendigerweise ruckartig das gesamte Seelenleben „trimmen": auf das Ziel zu. Aber das gelang bei Jeremia nicht ganz.

Der entscheidende Text im Jeremiabuch, der vom nicht zustande gekommenen „Totalitarismus" im Seelenleben zeugt, ist das zwanzigste Kapitel; ich zitiere einige Verse (7.14-18): „Du hast mich verlockt, Jahwe, und ich ließ mich verlocken, du hast mich gepackt und überwältigt. Ich bin zum Gelächter geworden tagaus, tagein; jedermann spottet über mich. *Verflucht sei der Tag, an dem ich geboren*. Der Tag, an dem meine Mutter mich gebar, er sei nicht gesegnet. Verflucht sei der Mann, der meinem Vater fröhlich meldete: ‚Ein Sohn ist dir geboren.' Dem Mann ergehe es wie den Städten, die Jahwe erbarmungslos in Trümmer legte. Am frühen Morgen schon soll er Schreckensrufe hören, und Kriegsgeschrei am hellen Mittag. Weil er mich nicht im Mutterleib sterben ließ, dass meine Mutter mir zum Grab geworden wäre, und ihr Schoß schwanger geblieben in Ewigkeit. Warum denn musste ich aus dem Mutterschoß hervorgehen? Um Mühsal und Leid zu erleben und mein Leben in Schmach zu enden!"

Dass solche Gedanken öffentlich werden konnten, dass wir sie heute lesen können, ist enorm. Manch ein „Berufener" mag ähnliche Zweifel gehabt haben, aber Jeremia hat wie kaum ein anderer gewagt, sie zu äußern. Andererseits kam er von seiner Berufung nicht los: „Fanden sich Worte von dir, so verschlang ich sie, eine Wonne war mir dein Wort und meine Herzensfreude. Ich bin doch nach dir genannt, Jahwe, Gott Zebaot." (15,16) Aber zwei Verse weiter sagt er schon wieder zu Gott: „Ach, solltest du für mich wie ein Trugbach sein, dessen Wasser nicht Wort halten?"

In dieser Spannung hat Jeremia sein Leben gelebt.

Je nach Persönlichkeitsstruktur empfindet man diese Spannung vielleicht gar nicht. Jedenfalls nicht als Spannung im eigenen Innern; *außen* gibt es freilich immer Spannung, es gibt immer *Feinde*.

Zum Beispiel war *Calvin* eine sehr geschlossene Persönlichkeit, er war seelisch „getrimmt". Feinde gab es nur außen, nicht in der eigenen Seele.

Aber dann kommt eine fanatische Enge zustande.

Der Boden, auf dem man steht, darf nicht schwanken.

Bei Jeremia schwankt er.

Bei Calvin schwankt er nicht. Die Wahrnehmungsfähigkeiten sind so justiert, dass alles stabil bleibt. Die ganze „Institutio" (Calvins Hauptwerk) ist ein fest geschlossenes Ganzes.

Das Buch „Jeremia" hingegen ist offen, weist Brüche auf, Verwerfungen.

Könnte Jeremia nicht eine Identifikationsfigur für diejenigen unter uns sein, die es mit sich selber nicht leicht haben? Die ihr Seelenleben nicht so „getrimmt" bekommen, dass das Leben glatt verläuft?

Eine Lektüre des Jeremiabuches unter dieser Perspektive könnte eine unmittelbar therapeutische Wirkung haben.

Der religiöse Zirkel im Christentum und im Islam

Der Islam stammt aus der Arabischen Halbinsel, abseits der großen Kulturen. In Ägypten, in Mesopotamien, in Indien, im Mittelmeerbereich war es zu Errungenschaften und Erkenntnissen gekommen, von denen die Beduinen der Arabischen Halbinsel weit entfernt blieben. Aber als diese im 7.Jahrhundert ihren Siegeszug antraten, lernten sie schnell von den unterworfenen Völkern dazu, insbesondere von Byzanz und von den Persern. Über Byzanz erreichte sie die griechische Wissenschaft und Philosophie, Übersetzungen ins Arabische wurden angefertigt, eigene Denk- und Wissenschaftsschulen entstanden. Im Verlauf von zwei, drei Jahrhunderten bildete sich ein eigenständiges, hoch entwickeltes islamisches Geistesleben aus: in Dichtung, Philologie,

Geschichtsschreibung, Geographie (es gab berühmte arabische Weltreisende), Medizin, Biologie, Alchemie, Mathematik, Astronomie und Optik.

Und vor allem ist die Philosophie zu nennen. Sie wurde im Rückgriff auf Aristoteles aufgebaut. Aber genau ihre Philosophie wurde der arabischen Kultur zum Verhängnis, es kam nämlich zu einer Reaktion der Orthodoxie, durch die schlagartig das geistige und wissenschaftliche Aufblühen im Islam zerstört wurde.

Der Zeitpunkt des Umschwungs lässt sich genau benennen: es ist das Jahr 1195.

Das arabische Geistesleben war dem christlichen weit überlegen gewesen. Ja, die Araber waren die *Lehrmeister* der Christen gewesen, insbesondere auf Sizilien und in Spanien. Ohne die Vermittlung der aristotelischen Philosophie an christliche Theologen wäre die Entwicklung der mittelalterlichen Scholastik nicht möglich gewesen, hätte es einen Thomas von Aquin nicht gegeben.

Einer der größten islamischen Philosophen war Ibn Ruschd, besser bekannt unter dem Namen Averroes (1126-1198). Auf ihn beruft sich die berühmt-berüchtigte mittelalterliche Lehre von der „doppelten Wahrheit"; tatsächlich aber war Averroes der Überzeugung, dass es nur *eine* Wahrheit gebe, der man sich jedoch in Philosophie und Theologie unterschiedlich nähere. Daraus wurde dann bei den lateinischen Averroisten die Theorie entwickelt, dass in Philosophie und Theologie unterschiedliche Inhalte gelehrt werden dürften: philosophisch gesehen müsse man z.B. die Vorstellung der Unsterblichkeit ablehnen, theologisch müsse man sie aber vertreten.

Solche gefährlichen Konsequenzen lagen also durchaus im philosophischen Ansatz des Averroes, und das blieb den Hütern der islamischen Rechtgläubigkeit natürlich nicht verborgen: 1195 wurde Averroes als Ketzer verurteilt, seine Schriften wurden verbrannt.

Der religiöse Zirkel blieb fest geschlossen.

Im Christentum hingegen wurde der religiöse Zirkel in der Aufklärung aufgebrochen. Eine Entwicklung zu immer mehr Freiheit im Denken begann. So konnte es überhaupt erst zur Ausbildung der modernen Wissenschaft kommen.

Das Aufbrechen des religiösen Zirkels im Christentum, das Einströmen von Philosophie, heute auch Psychologie, Soziologie usw. bedeutet, dass das Christentum im Prinzip nicht mehr totalitär sein kann. Es ist es selbstverständlich noch, aber nur in Teilbereichen, nur dort, wo gegen den Druck der allgemeinen Kultur ein enger religiöser Zirkel mit Verbissenheit durchgehalten wird.

Die Idee eines weltumspannenden Gottesstaats kann im Christentum nicht mehr entstehen - aber im Islam ist sie da, mit all ihren Konsequenzen. Im Christentum gibt es *von innen her* so viel Widerspruch, dass sich entsprechende totalitäre Tendenzen seit der Aufklärung letztlich nicht mehr halten können.

Der Islam hat eben keine Aufklärung gehabt; genauer: er hat sie Ende des 12.Jahrhunderts verspielt. Ein ganz anderer, weltoffener, sympathischer, künstlerisch und dichterisch sehr hoch entwickelter Islam hätte entstehen können. In den Geschichten von 1001 Nacht leuchten Bilder davon auf. Auch der Islam, wie Goethe ihn versteht, ist so. Aber damit der Islam wirklich so wäre, müsste er die Geschlossenheit seines religiösen Zirkels aufgeben. Er müsste erlauben, dass man den Fuß auch heraussetzen darf.

Man darf es nicht.

Gewiss: die Öffnung des religiösen Zirkels macht eine Religion fragiler. Sicherheiten fallen weg. Und dagegen wehrt sich die jeweilige religiöse Aristokratie mit aller Macht - welche Kämpfe hatten nicht die Philosophen der Aufklärung durchzustehen!

Andererseits muss gesagt werden, dass die Philosophen der Aufklärung das Vernunftprinzip so stark betont haben, dass für das Christentum als Offenbarungsreligion überhaupt kein Platz mehr war; es wurde zur Vernunftreligion.

Diese Gefahr muss man sehen. Und die Theologie hat sie abzuwehren. Sie muss dafür sorgen, dass der religiöse Zirkel in einem vertretbaren Maße geöffnet wird, aber sie muss auch dafür sorgen, dass er nicht zerstört wird. Wie lässt sich der Offenbarungsanspruch des Glaubens durchhalten in einem offenen, freien Gespräch mit der Philosophie und den Wissenschaften? Das ist eine spannende Frage, und viele kluge Köpfe arbeiten an ihr.

Machen Sie sich zum Richter!

Liebe Leserin, lieber Leser, was ist in der Religion Weisheit, was ist Torheit? Wo ist die Grenze, wo kippt religiöse Betätigung zur Torheit oder gar zum Wahn hin ab? Welche Bewertungsmaßstäbe gibt es?

Ich habe nach der Behandlung des Säulenheiligen Symeon Ihnen gegenüber eine manipulative Äußerung gemacht, haben Sie das gemerkt? Ich habe geschrieben: „Wir spüren instinktiv, dass bei Symeon etwas ‚nicht stimmt‘, nicht wahr?“

Vielleicht spüren Sie das gar nicht.

Vielleicht schauen Sie auf Symeon viel großzügiger, als ich es tue.

Liebe Leserin, lieber Leser, letztlich sind *Sie selber* über religiöse Phänomene die Richterin / der Richter. Wenn man es weniger persönlich haben will und eine breitere Basis für das Urteil sucht, kann man sagen: Der Common Sense ist Richter, der gesunde Menschenverstand.

Einen anderen Richter gibt es nicht.

Ich möchte Ihnen einige weitere religiöse Phänomene vorführen und Sie ermuntern, die Richterrolle einzunehmen …

Aus der religionspsychologischen Literatur (H.-J. Thilo, Psyche und Wort, Göttingen 1974, S.19f) entnehme ich folgendes Beispiel: Jemand muss jedes

Glas Bier, das er trinkt, in drei Schlucken austrinken und sich dabei heimlich sagen: „Im Namen des Vaters und des Sohnes und des Heiligen Geistes."

Normal oder nicht normal?

Hier wird ganz offensichtlich ein Zwangsneurotiker beschrieben. Seine Zwänge haben sich als Thema die Religion ausgesucht. – Das Beispiel ist eindeutig und lässt kaum Interpretationen zu, ich weiß. Aber es gibt Fälle dazwischen. Jemand betätigt sich in besonderer, exzentrischer Weise in seiner Religion, legt auffällige Verhaltensweisen an den Tag, und wir können schwer abschätzen: Ist diese Person noch normal oder nicht? Selbst der Common Sense hilft manchmal nicht weiter.

Wollen Sie mich noch einmal in die frühe Kirchengeschichte begleiten? – Wir gehen in die ägyptische Wüste und treffen dort Paulus von Sketis. Er ist heute sehr traurig, eine schlechte Nachricht hat ihn erreicht …

Paulus von Sketis ist ein großer Beter. Er verfügt über 300 vorformulierte Gebete und sagt sie täglich her. Seine Leistung kontrolliert er mit 300 Steinchen: nach jedem Gebet wirft er eines zu Boden. Inzwischen hat er aber erfahren, dass in einem Dorf eine Asketin 700 Gebete pro Tag hersagt. Wie steht er, Paulus, nun da?

Ist der Mann normal oder nicht?

Richten Sie.

Mein persönliches Urteil steht fest. Die Abertausenden von einfachen ägyptischen Bauern, die sich in der Wüste niederließen oder in Klöstern sammelten, was waren die für Gesellen? Was hatten sie vom Evangelium begriffen, von seiner Freiheit? Ihr Christentum war eine abergläubische Dämonenabwehr, leibfeindliche Asketen waren sie, ihre Gesellschaft hätte ich um jeden Preis gemieden.

Und jetzt wieder nach Syrien! Zu Alexander, dem Stifter des Ordens der Nimmermüden (Akoimeten). Alexander hatte eine ähnliche Karriere wie Symeon hinter sich (seine Behausung z.B. war ein in den Boden eingegrabenes tönernes Fass gewesen usw.). Irgendwann kam dieser Mann auf den Gedanken, hier auf Erden das ununterbrochene Gotteslob der Engel nachzuahmen. Er gründete einen Mönchsorden, und gemäß der Zahl 7 mal 70 wurde innerhalb von 24 Stunden 490-mal das Gloria gesungen. Alle drei Minuten, bei Tag und Nacht, ertönte es im Kloster: „Ehre sei Gott in der Höhe und Friede auf Erden und den Menschen ein Wohlgefallen."

Das ging, liebe Leserin, lieber Leser, pausenlos so. Durch die Jahrhunderte hindurch. Die Mönche wechselten, der Gesang blieb derselbe.

Die Nimmermüden …

Waren Sie noch normal oder nicht?

Richten Sie.

Was ist in der Religion Weisheit, was ist Torheit?

Und was ist gar *Wahnsinn*?

Den Gedanken, dass der Common Sense Richter sein muss, habe ich von dem großen amerikanischen Philosophen und (Religions-)Psychologen William James (1842-1910), einem Mitbegründer des Pragmatismus. Ich bewundere diesen Mann. Als Vertreter eines liberalen Protestantismus stellt er Religion *als Erfahrung* dem Fürwahrhalten eines dogmatischen Systems gegenüber. Bei seiner Behandlung der Religionspsychopathologie (Lehre von den religiösen Krankheitsbildern) konstatiert er in seiner nüchternen Art: „Die Früchte der Religion sind wie alle menschlichen Produkte dafür anfällig, durch das Übermaß verdorben zu werden. Der Common Sense muss Richter über sie sein." (Die Vielfalt religiöser Erfahrung, Olten 1979, S.323) Und weiter heißt es bei James: „Geistliche Erregung nimmt immer dann pathologische Formen an, wenn zu wenige andere Interessen vorhanden und der Intellekt zu eng ist. Beispiele hierfür finden wir der Reihe nach in allen Attributen der Heiligen; devote Liebe zu Gott, Reinheit, Nächstenliebe, Askese – dies alles kann in die Irre führen." Einige Seiten danach bringt James das Beispiel einer maßlosen religiösen Reinigung. Er kommt auf den heiligen Ludwig von Gonzaga zu sprechen, der im Alter von zehn Jahren der Gottesmutter seine Unschuld weihte und von nun an sich auch der geringsten Anwandlungen der Unkeuschheit enthielt. Das ging so weit, dass er nie seine Augen hob, weder wenn er auf der Straße ging, noch wenn er in Gesellschaft war. Gewissenhaft vermied er den Umgang mit Frauen und verweigerte jede Unterhaltung mit ihnen. Selbst seine eigene Mutter störte ihn: Er wollte mit ihr bei Tisch oder bei einer Unterhaltung möglichst nie alleine sein.

Bemerkenswert ist, dass James als Maßstab, an dem er ein solches religiöses Verhalten misst, lediglich den *Common Sense* angibt. Und so unbefriedigend dieser Maßstab auch sein mag – ein anderer lässt sich letztlich nicht nennen; was im religiösen Bereich „krank" und was „gesund" zu nennen ist, lässt sich ja an keiner objektiven Skala ablesen - wie in der Medizin, wo Krankheit Abweichung vom physiologischen Normalbefund ist (und auch diese Definition ist sehr problematisch).

Also, liebe Leserin, lieber Leser, legen Sie, um bei religiösen Phänomenen Weisheit und Torheit zu scheiden, den Maßstab des Common Sense an. Und schauen Sie einmal in das Buch von William James „Die Vielfalt religiöser Erfahrung" (The varieties of religious experience) hinein …

Da wir gerade bei der Religionspsychologie sind – wollen Sie etwas zur neuesten Entwicklung erfahren? Zum Stand dieser Wissenschaft 100 Jahre nach James? Von der neuesten Entwicklung bin ich nicht mehr begeistert, das sage ich offen vorweg. Ich schlüpfe jetzt in die Rolle des Chronisten und berichte nur, identifiziere mich aber nicht mit dem Gesagten. Aber Sie sollten insbesondere über das Thema „Neuropsychologie und religiöser Glaube" etwas wissen, denn immer wieder stößt man heutzutage darauf.

Neuropsychologie und religiöser Glaube? Was ist damit gemeint?

Geduldeu Sie sich noch einen Moment, ich erzähle Ihnen zunächst etwas zum Thema „‚Vergebung' im Lichte empirischer Forschung".

Torheiten der Religionsforscher

Ja, wir sind wieder bei den Torheiten, die im Universitätsbetrieb begangen werden. Es gibt nicht nur Torheiten in der Religion, sondern auch Torheiten bei den Religionsforschern …

Ein wichtiges religiöses Konzept ist das der Vergebung. Im Neuen Testament heißt es: „Da trat Petrus hinzu und sprach zu Jesus: ‚Herr, wenn mein Bruder sich gegen mich verfehlt, wie oft soll ich ihm vergeben? Bis zu siebenmal?' Jesus antwortete ihm: ‚Ich sage dir, nicht bis siebenmal, sondern bis siebenmal siebzigmal.'" (Matthäus 18,21f)

Nun zur Religionspsychologie und wie sie das Thema Vergebung aufgegriffen hat.

Großem empirischem Aufwand in der amerikanischen Religionspsychologie steht oftmals nur ein kleines – man ist versucht zu sagen: ein banales – Ergebnis gegenüber. So wurde gezeigt, und zwar in einer Reihe von Studien, dass derjenige gesünder lebt, der *vergeben* kann. Das war einem auch vorher klar, oder man hätte es sich denken können. Aber der Zugewinn ist immerhin, dass diese Aussage nun wissenschaftlich abgesichert dasteht.

Das Design solcher Studien sieht z.B. so aus, dass durch Fragebogentests zunächst die grundsätzliche Vergebungsbereitschaft der Versuchsteilnehmer festgestellt wird. Dann folgt ein Input, der Ärger auslöst. Bei den Versuchspersonen, die eine hohe Vergebungsbereitschaft mitbringen, zeigt sich regelmäßig, dass die kardiovaskulären Reaktionen den Normalbereich weniger stark verlassen; der Organismus wird also weniger stark in Mitleidenschaft gezogen. Man kann durch Kernspintomografie sogar beobachten, wie sich bestimmte Gehirnareale Vergebungsbereiter und Nicht-Vergebungsbereiter voneinander unterscheiden. Nach einer „Vergebungstherapie" heben sich solche Unterschiede auf. Die allgemeine Erkenntnis der Neuropsychologie, dass Psychotherapie und medikamentöse Behandlung dieselben Strukturveränderungen im Gehirn hervorrufen können, gilt auch hier. Die besagten Gehirnareale sind offenbar für emotionale Schmerzverarbeitung zuständig, und ihre Überaktivität kann im Prinzip medikamentös herabgesetzt werden. Aber „Vergebungstherapie" schafft das eben auch.

Und nun zum Thema „Neuropsychologie und religiöser Glaube". – Die Hirnforschung, die in der Psychologie der letzten Jahre für so viel Bewegung gesorgt hat, macht auch vor dem Glauben nicht Halt. Es hat sich geradezu eine „Neuropsychologie des Religiösen" oder, wie man auch sagt, „Neurotheologie" etabliert. Für konservativ eingestellte Christen ist spätestens hier der Status confessionis gegeben: Die „Neurotheologie" der modernen Psychologie kann man nicht akzeptieren, denn sie löst den Glauben evolutionspsychologisch auf, sie erklärt ihn zu einem illusionären System, das hirnimmanent erzeugt wird.

Wer hier aus dem Gedankengang aussteigen möchte, möge es tun. Ich habe weiter oben ja selber meine Skepsis zum Ausdruck gebracht. Aber in bestimmten Kreisen der Psychologenschaft wird nun einmal „neurotheologisch" argumentiert, und das sollte man zur Kenntnis nehmen. Die Psychologie hat insgesamt eine geringere Affinität zur Theologie als beispielsweise die Philosophie. Psychologie ist eine Wissenschaft, die viel stärker aus den emanzipatorischen Traditionen der Aufklärung lebt. Befragungen unter Psychologiestudenten zeigen, dass ein eigentlicher Gottesglaube selten anzutreffen ist; allerdings besteht eine neugierige, offene, tolerante Grundhaltung – auch zum Spirituellen, Esoterischen, Religiösen hin.

Zunächst einmal: Was ist Evolutionspsychologie? – Hier wird menschliches Erleben und Verhalten von der Stammesgeschichte her zu verstehen versucht. Diese oder jene Verhaltensweise hat sich deshalb herausgebildet (und ist in den Genen fixiert), weil sie dem Individuum bzw. der Spezies größere Überlebenschancen sichert. Ein Beispiel: Alle sozialistischen Umerziehungsprogramme, die den Menschen dazu bringen wollen, primär an die Gemeinschaft zu denken und sich mit seiner Arbeitskraft für sie einzusetzen, sind gescheitert und werden scheitern. Der Mensch ist so angelegt, dass er zunächst an sich selbst und seine Nachkommen denkt; erst an zweiter bzw. dritter Stelle steht die Gruppe, die Horde, der Stamm. Diese Rangfolge ist unumkehrbar und hält jeder Indoktrination stand.

In der Evolution habe sich nun, so sagt man, die Persönlichkeitsvariante „Neigung zur Spiritualität" herausgebildet, und fixiert ist sie auf einem ganz bestimmten Gen. Der Verhaltensgenetiker D. Hamer teilt dieses sein Forschungsergebnis dem deutschen Lesepublikum in seinem Buch „Das Gottes-Gen" mit (München 2006). Das Gen liegt auf Chromosom 10 des menschlichen Genoms und ist mitbeteiligt an der Produktion der Hirnbotenstoffe Dopamin, Serotonin und Noradrenalin. Menschen, bei denen dieses Gen im mittleren Abschnitt ein bestimmtes Muster aufweist, sind religiösen Erfahrungen (Selbst-Transzendenz, Mystik, Verbundenheit mit dem Ganzen) eher zugänglich. Spiritualität hat also, so folgert man, eine neurobiologische Basis. Bei den einen Menschen ist diese Basis da, bei den anderen fehlt sie. Religionswissenschaftlich hat man ja immer schon den Unterschied gemacht zwischen den „Homines religiosi" und den „Anderen", den weniger „Empfänglichen". Treffen sich also hier, an der lokal fixierbaren Stelle des besagten Gens, Religionswissenschaft und Psychologie?

Man sollte die Spekulation nicht zu weit treiben. In den Bereich von Spekulation begibt man sich auch, wenn man evolutionsbiologisch nach dem Vorteil fragt, den Spiritualität im Überlebenskampf bieten könnte. Kann derjenige, der sich von einem höheren Wesen behütet und geleitet weiß, eine stärkere Fitness entwickeln, wie der amerikanische Wissenschaftsphilosoph M. Alper behauptet (vgl. sein Buch: The „God“ part of the brain)?

Darauf hingewiesen sei noch, dass in der „Neuropsychologie des Religiösen“ auch bildgebende Verfahren eingesetzt werden, also die Gehirnaktivität sichtbar gemacht wird. Dabei zeigt sich z.B., dass ein Einheitsgefühl mit dem Universum bzw. Christus (Versuchspersonen: tibetische Mönche / Franziskaner-Nonnen) einhergeht mit einem Rückgang der Durchblutung im oberen Scheitellappen; diese Hirnregion ist für die räumliche Orientierung und die Unterscheidung zwischen eigenem Körper und Außenwelt zuständig. Tibetische Mönche / Franziskaner-Nonnen: Die Neuropsychologie geht davon aus, dass im Gehirn lediglich Grundmuster für spirituelles Erleben zur Verfügung stehen; die Ausformung zu einer bestimmten Religion hin ist dann kulturbedingt. Auf der Ebene des Erlebens und Verhaltens begegnen sich die Religionen also wieder, auch wenn sie theologisch-dogmatisch getrennt sind: Man erlebt in einem religiösen Referenzrahmen überall ungefähr dasselbe. Wieder lässt sich sagen: Das hat die Religionswissenschaft immer schon gewusst; Mystik, Prophetentum, Priestertum usw. sind für sie ähnliche Phänomene, im Gewand welcher Religion sie auch auftreten.

Kapitel 7: Eine Welt ohne Torheit

Wie die utopischen Staatsentwürfe das Leben langweilig machen

Sie haben, liebe Leserin, lieber Leser, in Kapitel 5 erfahren, dass Erasmus von Rotterdam sein Buch „Das Lob der Torheit“ während eines Englandaufenthalts schrieb. Das war im Jahre 1509, und er wohnte damals im Haus seines Freundes Thomas More (1477 oder 1478 – 1535). Thomas More (latinisiert Morus) war wie Erasmus Humanist, aber auch Staatsmann. Bei König Heinrich VIII. in Ungnade gefallen, machte man ihm den Prozess, und er wurde enthauptet. Von Thomas More erschien im Jahre 1516 das Buch Utopia, die erste moderne Staatsutopie, die Beschreibung eines idealen Staatswesens mit glücklichen Menschen auf einer abgelegenen Insel. Thomas More hat das Wort „Utopie“ überhaupt erst erfunden, es ist ein Kunstwort, zusammengesetzt aus den Bestandteilen ou (gesprochen u) und topos. Topos heißt Ort, ou ist die Verneinung. Utopia meint also „Nicht-Ort“ oder „Nirgendwo“.

Schon in der Antike hatte es Entwürfe vom idealen Staat gegeben, z.B. bei Platon, wir sind in Kapitel 2 auf seine beiden diesbezüglichen Bücher zu sprechen gekommen. Aber das Wort „Utopie“ fehlte noch für diesen Teil der antiken Literatur; die literarische Gattung setzt also ein, bevor es den Gattungsbegriff gab. Im Mittelalter kam es dann zum Traditionsbruch, es wurde nichts „Utopisches“ mehr produziert. Dafür lassen sich zwei Gründe anführen. Erstens: Die Herrschaft des Christentums war im Mittelalter so stark, dass säkular orientierte Gesellschaftsentwürfe außerhalb des Denkhorizonts lagen. Zweitens: Das Mittelalter hatte seinerseits „chiliastische" Heilsentwürfe – solche, die auf ein 1000-jähriges Reich zwischen Ende der Welt und Beginn der Herrschaft Gottes zielten; wo hätte da ein irgendwie geartetes utopisches Staatsmodell hingepasst?

Doch dann schrieb Morus sein Werk Utopia. Er trat damit eine Lawine los, zig Werke derselben Art folgten. Und immer ist das Muster dasselbe: Dem Misslingen von Staatsaufbau in der Gegenwart wird ein idealer, irgendwo (nirgendwo) existierender Staat entgegengestellt, den sich die Herrschenden als Vorbild nehmen sollen. Die beiden wichtigsten Autoren nach Morus sind Francis Bacon (mit „Neu-Atlantis") und Tommaso Campanella (mit dem „Sonnenstaat").

Zurück zu Thomas Morus. Natürlich kannte er das Buch „Das Lob der Torheit" seines Freundes Erasmus, das ja – ich habe es schon gesagt – in seinem eigenen Haus geschrieben worden war. Aber er beherzigte nicht, was in diesem Buch stand. Er – Morus – schrieb völlig humorlos. Er kalkulierte für sein Staatswesen die Torheit nicht mit ein, sondern alles wurde von der Vernunft her entworfen, und nur die Vernunft sollte herrschen.

Das ist ein ganz entscheidender Punkt. Und er gilt für alle Utopisten, für Bacon, für Campanella, für *alle*. Sie setzen auf die Vernünftigkeit und Einsichtsfähigkeit des Menschen. Gewiss, was da auf den abgelegenen Inseln gelebt wird, ist phantastisch, ist weltfremd. Aber es ist von der Vernunft gesteuert, und alle Bürger folgen aus freiem Antrieb – weil sie die Überlegenheit ihres Staatswesens mit ihrem Verstand begriffen haben. Mit Hilfe der Vernunft lassen sich alle Übel dieser Welt beseitigen, lassen sich auch Kriege vermeiden usw.

Wer's glaubt, wird selig.

Ich möchte in den Staaten der Utopisten nicht leben. Sie sind totalitär. Schon bei Platon ist Totalitarismus da, aber dann bei Morus erst recht. Alle Bürger stehen morgens um vier Uhr auf. Sie sind einheitlich gekleidet. Die frühen Morgenstunden sind der geistigen Fortbildung gewidmet (offenbar überträgt Morus seinen eigenen Tagesrhythmus auf Utopia), dann folgen drei Stunden Arbeit. Nach zwei Stunden Mittagspause wird wieder drei Stunden lang gearbeitet. Alle gehen früh zu Bett und schlafen genau acht Stunden.

Die Staaten der anderen Autoren sind ähnlich durchorganisiert.

Verstehen Sie jetzt, warum ich in einem solchen Staat nicht leben möchte? (Später kam dann die Literatur der Anti-Utopien auf, die genau dies zum Thema hatte: den Totalitarismus in Staaten, die die Freiheit und Selbstverwirklichung des einzelnen Bürgers dem Gemeinwohl unterordnen.)

Und jetzt noch einmal: In utopischen Staaten hat so etwas wie „Torheit" selbstverständlich keinen Platz.

Das ist schade.

Man vermisst in diesen Staaten die Torheit geradezu.

Auf einmal merkt man, was man an ihr hat.

Auf einmal merkt man, welches Potential in ihr steckt. Sie macht das Leben bunt. Wäre die Kirchengeschichte, wenn sie Symeon den Säulenheiligen nicht hätte, nicht um vieles ärmer? All die Toren, die die Weltgeschichte bevölkern, möchten wir sie missen? (Einige sicherlich, allen voran Staatsverbrecher wie Hitler, Stalin usw. Aber die anderen?) – Die utopischen Staatsentwürfe nehmen Menschen die Freiheit, und Freiheit ist immer auch Freiheit zur Torheit. Und durch Torheit erst wird alles interessant.

Mit solchen versöhnlichen Gedanken über die Torheit möchte ich, liebe Leserin, lieber Leser, dieses Buch beschließen. Man lernt immer viel am Kontrast. Von den vernünftigen und humorlosen Staatsentwürfen der Utopisten hebt sich das wirkliche Leben wohltuend ab. Also: lieber kein Einerlei des Vernünftigen, sondern etwas Torheit als Würze mit dabei. Erst durch Torheit, so wage ich zu sagen, kommt überhaupt der Geschichtsprozess zustande. Die utopischen Staatsentwürfe kennen gar keine Geschichte. Sie machen sozusagen ein Standfoto. Sie beschreiben eine Gegenwart, die sich nie ändert, die definitiv ist. Furchtbar. Aber jetzt kommt einer (in der wirklichen Welt, nicht in den Utopien) und stellt irgendetwas an. Er begeht meinetwegen eine Torheit. Alle rennen herzu, gackern aufgeregt wie auf dem Hühnerhof, und wie auch immer, jetzt ist etwas los. Geschichte wird durch Ereignisse definiert, deshalb kann man sich z.B. fragen, ob die Schweiz überhaupt Geschichte hat. Hier passiert ja nichts. Hegel meint (in der Einleitung zu seiner Geschichtsphilosophie), die Perioden des Glücks in der Weltgeschichte seien die leeren Blätter. Also: glückliche Schweiz. Verstehen muss man Hegel so: Der Weltgeist treibt die Geschichte voran, und das ist durchaus schmerzlich. Werdezeiten sind immer Krisenzeiten. Hin und wieder macht der Geist aber eine Pause, das sind die berühmten leeren Blätter, und jetzt können die Menschen aufatmen.

Da sind wir wieder bei Hegel und seiner Geschichtsphilosophie, so rundet sich alles. Und die Torheit hat zum Schluss auch noch ihr Lob bekommen.

Unser Weisheits-Torheits-Spezialist „Prediger“ gibt am Ende seiner Schrift, im 12.Kapitel, zu bedenken: „Das viele Büchermachen nimmt kein Ende ...“ Da bekommt man als Autor ein schlechtes Gewissen, hat man doch schon wieder etwas oben auf den Stapel draufgelegt, aber vielleicht macht der Prediger Unterschiede und beurteilt ein schmales Werk gnädiger als ein dickes, deshalb lege ich jetzt die Feder aus der Hand ...

Printed by Books on Demand GmbH, Norderstedt / Germany